#8月31日の夜に。

(生きるのがつらい10代のあなたへ)

NHK「ハートネットTV」編
協力：note

毎日新聞出版

はじめに ── 自分と誰かの居場所のために

死にたい。そんな言葉がテレビの画面にあふれたことがある。それは、今まで誰にも言えずにいた一人ひとりの気持ちがようやく大勢の人の目に触れた瞬間で、その小さな文字たちには、自分だけでずっと抱え込んできた辛さと、吐き出す先さえなかった苦しさが、強く込められているように僕には思えた。

「死にたい」という文字を目にするとき、その言葉を耳にするとき、僕は僕の「死にたかった」を思い出す。10代の後半から20代の初めにかけてどこかでいつも感じていた、なんとも言えないあの感覚が、胸を締め付けながらゆっくりと浮かび上がってくるような気がする。
そうして僕は今、目の前にあるたくさんの「死にたい」を見つめている。

死にたいという気持ちは、たぶん本当はもっと生きていたいから、今よりもいい生きかたをしたいと願うからこそ湧き上がるものなのだと僕は思う。自由に生きられるように見えても、僕たちはたく

さんのルールや決まり事でがんじがらめにされていて、そのルールに合わなければ、はじき出されてしまう。
もっとうまく生きたいと願っているのに、どうしても自分はそんなふうにはできないとわかって、今の自分も、この先の自分も好きになれそうにない。みんなと同じようにできないのも、何もかもうまくいかないのも、ぜんぶ自分が悪いのだ。
だから僕たちは死にたいと思う。何も考えず、何も感じず、ただ与えられたルールに従って、まわりのみんなと同じように生きているだけなら、死にたいとはきっと思わない。
そうやって自分を責めているうちに、死にたいという気持ちは身体の奥底にずっしりと静かに重く沈んで、どこへも流れ出ることなく溜まっていく。

苦しいと思う。何か気の利いたことが言えたらとも思う。
でも、あんがい人生はハッピーなんだよ、今を過ぎればきっといいことがあるよ、なんてことは僕には言えない。たいていの人生は理不尽で、失敗

続きで、うまくいくことなんてほとんどない。思っていた通りにはならないし、なりたかった自分になれることも、たぶんない。だから、死にたくていいと思う。
それなのに、いつだって大人たちは勝手なことを言う。「死にたい」と口にしたとたん、それまで一度も死にたいと思ったことのない人たちが寄ってたかって「死ぬことは悪いことだ」「死ぬ気でやればなんでもできる」なんてことをわけ知り顔で語り始める。僕たちに「死にたい」と言わせないようにして、「死にたい」なんて言葉はどこにも存在しないのだと目をつむらせる。

それでも死にたいという気持ちは間違いなくある。そして、死にたいと思っている人もたくさんいる。一つ一つの「死にたい」は孤立していて、お互いの存在を知らずにいる。一人ひとりの顔が違うように、考えていることや感じていることも違うから、たぶん、あなたの感じている死にたいという気持ちを完全にわかってくれる人はどこにもいない。

でも、ほんの少しでも似ている誰かを見つけられたら、それだけでホッとできるかも知れない。
もしも誰にも言えないまま心の内に隠しているその言葉を、今よりも高いところへそっと掲げたら。みんながそうやって「死にたい」と口にできたら。ほかには誰もいないと思っていた真っ暗な草原の中で、小さな光があちらこちらに灯っていることを感じられるかもしれない。ここにいるのは自分だけではないと信じられるかもしれない。
だからこそ、誰にも言えずに抱えている言葉をそっとつぶやける場所がほしい。そのつぶやきは、自分を救うだけじゃない。今、死にたいという気持ちを抱えたまま、どうしてもその言葉を口に出せずにいる誰かをきっと救うのだから。

テレビ番組とネットを通じて寄せられた、たくさんの「死にたい」。かつて死にたいと思ったことのある人たち、今死にたいと感じている人たちの声を届けることで、そんな居場所をつくることができれば、自分一人だけではないと知ってもらえたら、そんな思いからこの本は企画されている。

最初から最後まで通して読むのではなく、好きなときに好きなページを開いて気になる言葉をほんの少しだけ感じ取る、こっそり鞄の中にしまっておいて、真っ暗だと感じたときに小さな灯りを探すきっかけにする、そんな読みかたをしてもらえるとうれしく思う。

そうして、いつか「死にたい」と口に出してほしい。自分の居場所を見つけるために。誰かの居場所をつくるために。

浅生 鴨
（あそう かも）

もくじ

はじめに──自分と誰かの居場所のために。　浅生 鴨　2

#8月31日の夜に。
最果タヒ
14

あなたの悲しみは、
あなただけのもの
西垣ポプラ
16

死にたみという希望
いつき
22

ぼくの日記帳
**7月1日(日)
アルタイル**
36

#8月31の夜に。
中川翔子
38

学校が"居場所"じゃなくても。
アマミミウ（雨ミミ雨）
40

目が覚めたら、
担任教師が隣で寝ていた
鳩羽映美
49

ぼくの日記帳
**7月19日(木)
まど**
58

夏休みが終わらない高校
緑丘まこ
59

#8月31日の夜に。
石井志昂
70

保健室登校を止めた悪魔の方法
えるえつ＠哲学・音楽
72

希望は必ずしも、僕らを生かしてくれるわけじゃないけれど
すなふ
82

「好きなこと」に救われた10代の頃の話
serico
96

#8月31日の夜に。
大森靖子
102

ぼくの日記帳
7月29日（日）
毛布
104

顔の傷跡でからかわれた私が不登校にならずにすんだ訳
磯野真穂
105

「居場所」という新しい可能性について
富岡美代子
118

#8月31日の夜に。
ヒャダイン
124

**逃げられないから、
逃げるんだ。**
古賀史健
126

**ぼくの日記帳
8月4日(土)
ふゆしろ**
131

#8月31日の夜に。
栗原類
132

**不真面目に
生きればよかった**
あげまんじう
134

**新学期が来てほしくない
子どもたちへ。**
椎名トキ／都基トキヲ
138

**まだ何者でもない
あの頃の自分へ**
とみこ
144

#8月31日の夜に。
とーやま校長
(SCHOOL OF LOCK!)
148

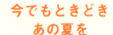

**今でもときどき
あの夏を**
葉月このみ
151

ぼくの日記帳
8月24日(金)
サイ
150

**9月3日にあなたは
胸を張れるか**
笹塚心琴
155

#8月31日の夜に。
あしざわ教頭
(SCHOOL OF LOCK!)
158

ぼくの日記帳
9月1日(土)
#とある中学1年生
160

3年間「学校行くなら死にたい」って思ってた
saku
162

エンドレスエイトを抜けて。
キッチンタイマー
172

#8月31の夜に。
最果タヒ
178

ぼくの日記帳
9月2日(日)
やね
180

8月31日を生きる人へ
たなか れもん
194

(漫画)
僕への手紙。
瀬田
198

(漫画)
学校が恥ずかしかった私へ
コジマユコ
207

読まなくていい、あとがき。　　渡辺由裕　　184

イラスト ◆ わだちず
ブックデザイン ◆ 坂根 舞（井上則人デザイン事務所）

ぼくたちの言葉。

＃８月３１日の夜に。

最果タヒ

正しさは要らない。本当は要らないんだと知っていた。
たとえ痛くても苦しくても、
ぼくは、ぼくの身勝手な言葉を吐き出すことができると、
知っていた。
それだけがぼくの身体に流れている言葉だった、
たとえ、他の誰にも受け入れられなくても。
だからこそこの血は、言葉は、ぼくだけのもの。
この身体を、たった一人の身体として、
生かし続けてくれるはずだ。

黙れと、言われることが恐ろしかった。
ただ、それだけだった。
ぼくは、せめて言葉の居場所が欲しくて、
正しさにすがりついていた。
わかりやすく、怒りにも悲しみにも根拠を用意して、
そんなふうに説明できる感情が、
体を振り回す「心」なわけもない。
正しさを手に入れるために、理解を手に入れるために、
削り落としたぼくの感情はどこに消えていったんだろう。
語れば語るほど、言い聞かせるほど、
それらが、遠くで降る雨のように泣いている。
ここが、ぼくの体だと、ぼくの思いだと、

ほんとうはもう、確信が持てない。
あの、雨の降る街が、
ぼくの本当の人生なのかもしれない。

だから、ここで書きはじめよう。
わかりやすくなくても、正しくなくても、
ぼくは、ぼくの言葉をここに残そう。
ぼくが、ぼくのままで生きることができるまで、
ぼくは言葉で生き延びよう。
いつか、あの街にたどり着いたそのとき、
「懐かしい」とまだ、思うことができるように。

あなたの悲しみは、あなただけのもの

西垣ポプラ

幸せの定義は人それぞれなように、苦しみや、悲しみの定義だって、人それぞれでいいはずだ。

* * *

いじめられてるわけじゃない。
虐(ぎゃくたい)待されてるわけでもない。
友だちはいる。先生とも上手くいってる。
勉強も、部活も、人間関係もテレビやネットで見かける人に比べたら、わたしはきっと、恵まれている。

だから、よけいに苦しくなる。

わたしは恵まれている。
お金にも、愛にも、そんなに困ってない。
わたしより大変な人は、この世の中にはたくさんいる。
なのに、どうしてわたしはこんなにも、苦しいんだろう。
恵まれている環境にいるのに、どうして、いっちょまえに、「つらい」なんて、思ってしまうんだろう。

わたしより苦しい思いをして、わたしよりつらい気持ちを抱えて、それでも頑張っている人が、たくさんいるの

に、わたしなんかが「苦しい」だなんて。

なんてわたしは情けないんだろう。
本当に苦しい人に、申し訳ない。恥ずかしい。

こんなわたし、だいきらい。

＊＊＊

そんなふうに、思っていた時代がわたしにはあった。
実は、今でもたまに、そう考えてしまうことがある。
たとえば今日みたいに「生きるのしんどいなー」って思ってしまった日とか。

しんどい、と思うだけでしんどいのに、「わたしなんかがしんどいとか思っちゃダメでしょう」という気持ちが、さらにわたしをしんどくさせる。

そろそろ、「しんどい」という言葉がゲシュタルト崩壊しそうなので、「つらい」という言葉に、言い換えるけど。

そもそも、「自分なんか」って言うけどさ、じゃあ、いったいどんな人なら「自分なんか」と思わずに「つらい」と叫ぶことを許されるのかな。

友だちにハブられているあの子？

いやいや、あの子よりも、教科書をビリビリに破られたあの子のほうがきっとつらいはず。
いやいやいや、あの子はおうちに帰れば、お母さんと仲良くお料理ができる。
家に帰ると両親が喧嘩ばかりしているあの子のほうが、きっとつらい。
いやいやいやいや、あの子には友だちがいるから大丈夫だよ。
もっとつらいのは、お金がない子。
いくら勉強を頑張っても、進路を選ぶことができないんだから。
いやいやいやいやいや。
このご時世、いくつになっても学ぶことはできるんだから。
それより、やっぱり友だちのいないあの子が……。

こんなのは、たとえばの話だけど。
「つらさ」をはかるものさしはきっと人それぞれちがうし、どんどん、「つらい」のレベルを上げたとして、じゃあ、あなたのものさしのいちばんてっぺんにいる人しか「つらい」と思う権利はないの？　と考えたら、そんなことないって、わかるはず。
それに、あなたが「この人がいちばんつらいはずだ！」と思った人がいたとしても、
はたしてその人が、本当にあなたよりも「つらい」と思ってるかどうかなんて、あなたにも、わたしにも、そして

その人にも、わからない。
だってその人も同じように、あなたの「つらさ」はわからないから。

誰だって、内側に抱える「つらさ」を他人と比べることはできない。
他人の心は覗き込むことができないし、なにを「つらい」と感じるかは、人それぞれちがうものだから。

犬を見て、「かわいい」と思う人と「怖い」と思う人がいるように。
野球の試合を見て、「楽しい」と感じる人と「つまらない」と感じる人がいるように。
見知らぬ人が悲しそうに涙を流す姿を見て、「悲しさ」を感じる人と何も感じない人がいるように。

好きも嫌いも、楽しいも楽しくないも、つらいもつらくないも、みんな、人それぞれ、ちがうもの。
たとえ親子でも、夫婦でも、親友でも、相手の気持ちを１００パーセント正確に知ることなんてできない。

だからわたしはわたしの心で、あなたはあなたの心で楽しいと感じていいし、つらいと感じていい。
その感情は、誰にも指図されないし、誰かにゆずる必要もない。

あなたの感情は、あなただけのものなんだから。
他人と比べることなんて、できないんだから。

「つらいなぁ」って思ったら、誰かと比べたりする必要はまったくなくて、「つらい」と感じた自分を、受け入れてあげよう。

あなたの感情に、こころに、本当に寄り添ってあげられるのは、世界中で、あなただけ。

＊　＊　＊

幸せの形は人それぞれっていう話はよく聞くけど、悲しみとか苦しさといった感情も人それぞれ、って話はあんまり聞かなかった気がするなぁ、と今日ふと思いました。相手を心から理解できるなんていうのは思い上がりで、理解できないからこそ、話を聞きたいと思うし、知りたい、なにかできないだろうか、と思うんだよね。自分と他者は相容れないからこそ、難解で、おもしろい。

人は人。自分は自分。として明日からも凛(りん)と生きたいものです。
比べないってなかなかむずかしいけどね。
まだまだ修行が必要ですね。

死にたみという希望

いつき

要約すると、
「あなたの死にたい気持ちを尊重したい。誰にも否定される筋合いはない。その気持ちを大事に仲良く生きていくのも悪くないよ」
と思っている話を書きます。

学生時代の私は、家と学校が自分の世界のすべてで、そのどちらでもうまくやれない自分はこの世界に居場所がないのだと思っていて、実際にその頃の自分には心安らぐような居場所はどこにもなかった。
ドラクエでたとえると常にHPもMPも残り1の状態で毎日過ごしていた。
私の世界に宿屋は存在しなかった。

親はIQが3くらいしかなく 頭が悪くて新興宗教信者で無職で、子どもを褒めることはないどころか馬鹿にして笑い、学校では私は貧乏で一家で神社の奥に住んでいる上、アトピーがキモくて暗いので当然のようにいじめられていた。

「学校に行きたくない」なんて親に言えば罵倒されることがわかりきっていたのでそんなことを言うこともでき

ず、息をするのさえおっくうに感じて、毎日常に息苦しくて心臓が痛くて、気づけば私は慢性的な頭痛を抱えるようになっていた。

「頭が痛い」
と言って保健室に行けば、ベッドで寝かせてもらうことができて、その間だけは少しだけ息をしやすくなっていた。
カーテンで仕切られた私だけの真っ白な空間を、私は逃げ場にしていた。
ＨＰもＭＰも全回復はしないまでも、ホイミくらいの回復力はあったように思う。

ここにいれば誰にもいじめられないし、馬鹿にされて笑われることもない。
私にとって保健室のベッドは簡易宿屋であり聖域だった。

それでも、聖域住まいは長くは続かなかった。
保健医に、
「そんなに毎日頭が痛いなら病院で検査を受けなさい」
と言われてしまったのだ。

親に毎日頭が痛いと言って保健室にいることがバレるのはまずい。
「頭が痛い？　それくらい我慢できるでしょ」

と言われて終わりだろうし、病院代がかかるので病院へ連れて行ってくれるとはとうてい思えない。

私は一瞬で聖域を失った。
こんな状態ではスライムと戦うことすらできない。

毎日、シンプルに「死にたいな」と思っていた。
学校ではいじめられ、家(神社)は風呂がなくふた部屋に家族7人がぎゅうぎゅうでプライバシーも何もなく、親に文句を言えば「うるさい！」と一蹴され、全身に広がったアトピーであちこちの関節がかさぶたのみで構成され、動くとかさぶたが割れて血が滲んだ。

こんな苦しみをこのあとどれだけ続けていけばいいのか想像もつかないし、いつか終わりが来るのだとしてもその時まで自分が耐えられる気もしなかった。
私は毎日図書室から借りた本を読んではその世界に逃避したり、父が誰かからもらった古いワープロで自分の苦しみを文章に書き殴りまくることで何とか正気を保っていた。
わりとがっつり死にたかったけれど、私には死ぬ勇気を持ち合わせてもいなかった。
「死ぬ勇気がない」
その理由だけで、私はただ毎日を死んだように生きていた。
たぶんビジュアル的には「くさった死体」が近かったと

思う。

中学校に上がってからは、通う中学校が住んでいる神社の隣だったので、ストレス度合いがMAXになった。
神社暮らしを隠したいのに、学校中の誰もが全員我が住まいの神社を目にしながら登校するのだ。
逃げ場がないなんてもんじゃなかった。
学校中の生徒全員に恥部を晒しながら中学校生活を送らなければいけない。
私の三年間は地獄になるな、という確信とともに中学時代は幕を開けた。

もちろん確信は的中し、つらすぎる１年生を終え、２年生になって、あるときから肛門(こうもん)に徐々に強くなる痛みを感じて、我慢できないほど肛門部が腫(は)れ上がり熱を持ち、仕方なく羞恥心を捨て去り肛門科を受診することになった。
ベッド上に横たわり、ズボンも下着もおろしてお尻だけを突き出した状態で先生を待った。捨てたと思った羞恥心は、全然生きていた。

めちゃくちゃに恥ずかしい。

人生でこんな格好で初対面の人と接する日が来るとは思わなかった。
診察はあっという間で、すぐに腫れた部位を切開し、膿(うみ)

を出し切るためのストロー的な管を入れる手術をすることになり、
「たぶん難病ですのできちんと病院で検査を受けて下さい」
と言われた。
初めて聞く病名、そして、
「病気が悪化するので油脂が入っているものと繊維質なものと辛いものは食べないで下さい」
との困難すぎる指示を受けた。
私は痛すぎる、ストローの刺さった尻を抱えたまま渡された病気の説明が書かれた本を読み、
「完全に人生が終わったな」
と思った。

検査に行った病院で胃カメラや大腸カメラ、バリウム検査など消化器の検査のフルコースを終えると、私は死にそうになりながら「やっぱり難病ですね」と告げられた。
その病気は国に難病指定されている病気で、とにかく美味しいもののほとんどが食べてはダメだった。
ラーメン、カレー、ステーキ、ハンバーグ……そのどれもが「NG食」だった。
食べられるのは白米やうどん、豆腐、白身の魚、肉ならささみ。そんな精進料理のような食生活をまだ中学2年生なのにしなくてはいけない。
何なら難病で原因不明で治せないので、その食生活を一生続けていかなくてはいけない。

はい終わった。
終わりに終わった。
私の人生、まだ始まってもいないのに終わった。

私は「完全終了」という気持ちに包まれた。

もう、HPもMPも完全にゼロだった。
戦闘不能で棺桶に入って何もできない状態だった。
そんな私に両親は私の予想の斜め上の行動をとってきた。
「お前の病気はお父さんとお母さんの信心が足りないせいだ。悪かった」
と、両親揃って正座の状態で謝ってきたのだった。
私は両親の行動が意味不明すぎて固まったのだが、どうやら両親の信仰する宗教的には子どもの病気は親のせいらしかった。

あー、うんうん、そうだね、たぶんあなたたちが無職で貧乏で神社に住んでたストレスは絶対に関係するだろうね、
でも信心が足りないせいって何？？？？　たぶん絶対にそのせいではなくない？？？？？　だって神社の奥に住むほど貧乏オブ貧乏でもまだ信心が足りないんだったら世の中の人全員難病じゃん？？？？？？？
と、思ったけれど言わなかった。

言えなかったわけではなく、言わなかった。
言ったところでどうせ面倒なことになるだけだから。

こうして、中学2年生で私の肩書きに「難病持ち」も加わった。
地獄だな、と思った。
思ったというか、私にとっては完全に地獄だった。
私は宗教に熱心すぎる両親やその一族を見て育ったのに、
「神様はたぶんいないし、いても性格が悪すぎて嫌いだな」
と思っていたのが、病気になったことでさらに「アンチ宗教」モードになった。

そんな私の「アンチ宗教」モードとは裏腹に、私の病気は入退院を繰り返すので、入院するたびに親戚の信者がやってきて、
「お前の病気がよくならないのは信心が足りないせいだ」
と鬼の首でもとったように言った。
よくも病気で入院している人を自分だけの理屈で責められるものだなあと思った。
私はHPもMPもゼロで棺桶に入っているのに、棺桶の外からガンガンに殴られている気持ちだった。
私にはもう戦闘能力はないというのに。

ただただ、

「うるせー」
と、思っていた。
んなわけないだろうが。
静かに療養させてくれ。
お前らはそんなことすらできんのか。
毎回思っていたけど面倒なので言わなかった。
そして親戚信者はその宗教的にいうとホイミの呪術を毎回かけて帰って行った。
私は「この呪術の声が同じ病室の人に聞かれるの、めっちゃ嫌だな」と思っていた。

何とか中学を卒業し、高校は、病気のことがあるのでアルバイトをしながら定時制の高校に通った。
高頻度で入院&絶食していたが、病院から学校に通って留年はせずに済んだ。
勉強が嫌いだったので、高校を卒業したら働こうかと思っていたが、高校のときに「高卒と大卒では貰える給料が違う」と教えてもらい、お金に飢えまくっていたので大学に行くことにした。
大学は、やっぱりお金がないのでアルバイトをしながら夜間部に行った。
そして変わらず高頻度で入院&絶食した。

けれど、大学2年生くらいのときに、私に大きな転機が訪れた。
「絶食が嫌すぎて担当医とケンカして、担当医が変わる」

という、真っ向から自分の意見を言って喧嘩して誰かとの関係が終わるなんて初めてのことを経験した。

まさかそんなふうにことが運ぶとは思わず驚いたけれど、それは結果的によい方向に働いた。
前の担当医は古い治療が大好きで、基本的に強い薬は使わずすぐ入院で絶食させられた。
けれど、新しい担当医は、患者のQOLを大事にする人で、強い薬を使うが絶食しなくていい、調子がよければ色々食べていい、という人だった。

私は劇的に入院する頻度が減り、昼間バイト、夜間大学、その後またバイト、という普通の人より元気なのでは？というくらいに働いて学校に行った。
そして、何とか大学を卒業して就職をした。
けれど、やはり病気がありつつ会社員というのは難しく、自分で資格をとって自営業になって、今に至っている。
私を苦しめた親とは、
距離を置きまくりに置きまくっている。

端から見れば、病気がありながらも、まあなんと順調な人生、かもしれない。

でも、私はこの間もずっと死にたかった。
死にたみは、基本的に私の中にずっと存在し続けていた。
それは進学をしようと、就職をしようと、恋人ができよ

うと、
自営業になり自分の仕事を褒められようと、まったく変わらなかった。
ずっと、死にたみは、今現在も心の中にあり続けている。

ずっと苦しくて、心の中から死にたみをなくしたかった。
死にたいと思わない人生を歩みたかった。

でも、自分なりに努力しようと、嫌なことから逃げてみようと、どうあがいてみたところで、そうはなれなかった。
やっぱり私は残念ながら死にたいままだった。

でも、私は死にたいけど怖いから死ねないだけでここまで生きてきただけの人間だけれど、案外「生きていてよかった」と思える瞬間も、ときどきはあったりするのも事実としてある。

私はあなたの「死にたい」を否定しないし、あなたの辛さを何よりも尊重していいと思っているけれど、
「いざとなったら死ねばいい」
と考えることほど楽なこともないと、思えるようになった。

数年前、友達が自殺をして亡くなった。
とても自死とは縁がありそうには見えない、明るくて可

愛くて誰からも好かれる子だった。
とても近しい人に対してはその予兆があったようだけれど、私にはわからなかった。
葬儀で、私はとても「その子に生きていてほしかった」と思った。
その子の悩みなんて私に解決できようもなかったけど、それでも無責任に彼女に生きていてほしかったと思った。
でももう彼女はこの世にいない。

彼女は、どこに行ったのだろう。
今、彼女はどうしているだろう。

無宗教の私が考えたのは、
「とても居心地のいい場所にいてほしい」
だった。
こうして天国とかいう概念が作られていったのだとも思った。

死は救いで、彼女はとても穏やかで居心地のいい場所に行ったんだと思うようになった。

死は、救いでもある。

いざとなったら死んでもいい。

「死ぬのはよくない」
なんて、簡単に言えるのは無責任な人だけだと思っている。
「死ぬのはダメ」
そんな言葉は、「あなたが死にたいほどつらい」出来事を、解決できる人以外口にしてはいけない言葉だと思っている。
簡単に「死んではだめだ」という人は、あなたの「死にたいくらいつらい」気持ちに真っ向から向き合っていないから、解決できないくせに、正論ぶってそう言えるんだと思っている。
あなたの辛い気持ちを否定する人が、簡単にそう言えるのだと思っている。

そんな無責任な人の言葉で、
「死にたいのはよくないことだ」
だなんて思わないでほしい。
人によって「辛い」の尺度も違うのだから、あなたはあなたの辛さを大切に、尊重していい。

死にたいくらい辛いのは、そのくらいのことにあなたが耐えている証だと思う。

だから、べつにあなたは「死にたい」を殺さなくたっていいと思う。

死にたい、とはまるでネガティブな考えのようで否定されがちだけれど、実はあなたは「いざとなったら死んでもいい」という、裏切りようのない希望とともに、生きている。

「死にたみは希望」として私はとらえていて、その希望があるおかげで今日も生きられるなら素晴らしいとさえ思う。

どうかあなたが無責任な人の言葉でこれ以上辛い気持ちになりませんように。

それでも、あなたの「いざ」という日が、少しでも遠い日であるように、無責任な私は願っている。

> ぼくの
> 日記帳

7月1日(日)

アルタイル／10代

7月1日。
暑い、とにかく暑い。
今日は暑くて、朝5時半くらいから起きてしまった。
学校は休みで、一日中ぐったりして過ごした。
明日からまた学校。
行くのは面倒だが、憂鬱(ゆううつ)ではなく、
死にたい感情もない。
去年の引きこもってた時期と比べると、
ものすごく変わったのではないか、と思う。
やっと外の世界に出ることができた。
そう思っていた。
はずなのだが、
そうではないことに気づかされた。
学校に入学して5ヶ月。
僕は、この5ヶ月、ずっと一人で過ごしている。
一人で黙々と課題を進め、
休み時間は一人で昼寝をし、
一人で昼食を食べて、

誰と交わることもなく、一人のまま学校生活が終わる。
最初は友達が欲しかった。
勝手にできるものだと思ってた。
だが、今回は違った。
周りと馴染めない。
話すこともできないし、話しかけてももらえない。
最初は一人が寂しかった。
どうしたらいいかわからず、自分なりに悩んだりもした。
だけど、ここ最近慣れてしまった。
「一人でもいいや」
期待することを放棄した。
僕は、願って、もがいて、助けられて、
やっと外の世界に出られたのに、
心は結局外に出られていないじゃないか。
心は引きこもったまま。
そのうち、何も感じなくなって、
一人でも大丈夫な人間になってしまいそうで怖い。
一人は、嫌だ。
嫌か？
別に、いいか。
うん、明日に備えて早く寝よう。

＃８月３１日の夜に。

中川翔子

中学の頃。グループ分類になかなかうまくなじめず、スクールカーストもはっきりあった。
悪口を言われたりして悔しくて。絵を描いているとまた言われたり。
ボスグループから「絵とか描いてるんじゃねーよ、キモイ」と言われた。ボスグループ内でも、ターゲットを変えてハブられている人が日ごとに移ろう。

中３の時、話せる友達が２人できた。
好きなマンガなどの話をしている時間は楽しかったが、違うグループから変なあだ名をつけれられたり、靴箱がへこまされた。私の靴箱ばかりへこむのを友人に見られるのも恥ずかしかった。親にも言いたくなかった。誰がやっているか見当がついたので同じようにやり返した。すると、もっとボコボコにされ、ローファーがなくなっていた。ゴミ箱などを探したけど見つからず、先生に相談したら学校のローファーを貸してくれた。
先生に言うのも泣くも負けだと思ったけど、悔しかったが、泣いてすべてあった事を話した。
それから帰宅できたけど、しばらくしたら聞いてくれたと思った先生から、ローファー代を払ってと言われた。
味方じゃなかったし大人ってクソだと思った。

あと少しで卒業式だったが、そこからもう行かなかった。
卒業式も休んだ。

何年も経ってやっと学校の外には楽しい世界・出会いがあると分かったけど、その時はその場所が世界だったから辛かった。
その時辛い気持ちを救ってくれた音楽やゲーム・マンガなど趣味がたくさん未来に夢と出会いをくれた。

学校が"居場所"じゃなくても。

アマミミウ(雨ミミ雨)

以下すべて、体験談と個人的な持論です。

何を言ってるんだと呆れられるかもしれませんが、もし今どこかで辛い思いをしている誰かが読んでくれることがあったら、「こんな考え方の人もいるんだな」くらいにでも思ってもらえたら幸いです。

まず、私の考えの中での結論を先に言ってしまうと、学校は無理をしてまで行く場所ではありません。

私は、小学校・中学校・高校と、すべて不登校になりました。

小学校に行かなくなったキッカケは、いじめを受けたこと。

その時は、親に「いじめられてるから行きたくない」とはなかなか言うことができず、たくさん我慢して、先生にも相談して、それでもうまく行かずに心がボロボロになってから下した決断でした。

親はとても心配してくれましたが、担任の先生がなかな

か厄介で、休んでる間も「どうして来ないんだ」「みんな待ってるのに」と毎日まくしたてられる日々でした。

ある時は無理矢理登校させられて、「私対クラスの女子全員（先生不在）」というおかしな状況で話し合いをさせられたこともあります。
いじめで十分傷ついた心をさらに抉(えぐ)られ続けたことは今でもトラウマです。

それでも、最後は周りの説得もあり、渋々ではありましたが卒業式には出席することができました。
みんなは卒業式らしく泣いていましたが、中学も小学校と１人も変わらず同じメンバーだということが分かっていたため、思い入れもなければ、むしろあと３年も続くことへの絶望しかなかった私は、適当にウソ泣きをしながらやり過ごす、そんな卒業式でした。

＊　＊　＊

中学に上がり、１年生のクラスは小学校に行けなくなった時とメンバーがあまり被らなかったため、毎日通うことができて、それなりに楽しく過ごしました。

しかし２年生に上がると、クラスの半分以上が当時と同じメンバーになってしまったのです。

過去にいじめてきた人たちは、中学に上がったことで記憶がリセットされたかのように平然と話しかけてきましたが、相変わらず女子のグループ化は止まりませんでした。
「またいつ矛先が向いてくるか分からない」と思うと、嫌な思い出ばかりのメンバーと同じ空間にいることが苦痛で仕方がなくなってしまいました。

結局2年生の夏休みが明けた頃にふっとスイッチが切れて、しばらく学校を休んだ後、残りの1年半は特別学級で過ごしました。

そして中学2年も後半になると、あちこちで「受験」という言葉が飛び交うようになります。

休みがちで、みんなと同じペースで勉強していない私が行ける学校はかなり限られていました。
少ない選択肢の中から「お金がなんとかなれば面接で行ける」と言われていた私立高校を受け、生活こそ苦しくなりましたが無事に進学することが決まりました。

* * *

高校に入ると、いじめというものはもうほとんど意識しなくなりました。
クラスもみんないい人たちで、人間関係に不満はありま

せんでした。

しかし、私はまた、２年生の夏に学校に行かなくなりました。

それまでとは違って大きな不満やすごく辛い何かがあったわけではないものの、全生徒の３分の２が運動部の推薦で入学していて、いわゆる運動エリートが集まっていた中で、部活と無縁だった私は学校全体の体育会系な雰囲気が苦手だったのです。

ある時、「運動こそできなくても、この学校で何かできないだろうか」と考えて、自分が一番やりたかった演劇部を作ろうと考えたことがありました。

しかし、成績がさえない、他のクラスや他の学年に知り合いもいないような一生徒が「部活作りたいです！」なんて言ったところで、取り合ってすらもらえませんでした。

そう簡単に好きなことがやれるわけではないことは百も承知でしたが、「運動が出来ない人はとにかく勉強で成績を残して良い大学に入りなさい」という学校の方針に少しずつ違和感を感じるようになっていきました。

「この学校ではきっと何も見つからない」……そう思う

ようになった時にはもうすでに、卒業するまで通い続ける未来が見えなくなっていました。

＊　＊　＊

中途半端な時期に学校を辞め、しばらく休んだ後、その次の春に通信制の高校に転校しました。

通信制というと、夜間の登校やインターネットの勉強が主だというイメージをもつ人が多いかもしれませんが、私が通った学校には校舎があって、それぞれ好きな時間に通って（もちろん毎日行く人もいました）、部活が多彩で、沖縄や海外に行く課外授業（希望者のみ）もあったりして、生徒同士の交流が活発でした。

そこには、私のように全日制に通うことが難しくなってしまった人もいれば、自分のやりたいことを探すためにあえてこの学校を選んだ人もいます。

これまでのどの学校とも全く違い、生徒も先生もみんなが一人一人の個性を尊重し合う場所でした。

入学してすぐに念願だった演劇部に入り、卒業するまでの間には生徒会の役員も経験しました。

そこで過ごした時間は、"一般的"な高校生とはかけ離れ

ていたかもしれませんが、私にとっては間違いなく青春と言えるものだったし、初めて母校と呼べる場所になりました。

なにより、学校＝つまらないもの、だと思っていた自分が「最後までここに通いたい」と思えたことがとても嬉しかったです。

* * *

私は馬鹿正直で、自分が嫌だと思ったら続けられないし、やりたいと思ったことしかできない人間です。
行きたくないと思ったから行かなかったし、たまたま転入した先の学校では通いたいと思えたから最後まで通うことができました。

それが必ずしも良いことである、正しいことである……とは思いませんが、今までに「あの時無理してでも通い続けてたらよかった」と思ったことは一度もありません。

私が行きたいと思える場所に出会えたのは、自分にとって辛い場所から逃げ続けたからです。
もしも小学校・中学校に普通に通うことができていたら、面接で入った高校には行かなかったかもしれないし、行ったとしても、あの後我慢して通い続けていたら、たぶん笑って高校生活を終えることはできていませんでし

た。
毎日がドン底でしたが、今はそういう運命だったのではないかとすら思います。

* * *

しがない過去の話を長々と書いてしまいましたが、そんな私から言えることがあるとするなら、『まずは自分を信じて、自分に正直でいてあげてください』ということです。

私の場合は最終的にたまたま行きたいと思える学校に出会いましたが、タイトルにした通り、学生だからといって学校が居場所じゃなくたっていいと思います。

学校が嫌いだっていいんです。

辛くて苦しいなら、逃げていいんです。
逃げるは恥じゃないし、役に立ちます。
逃げて初めて分かることや出会えるものがきっとあります。

学校から一歩出ればいろんな人がいます。
いろんな楽しいこと・面白い場所があります。

学校が自分の居場所だと思えなくても、あなたの居場所

は必ずどこかにあります。
あなたがあなたらしく居られる場所を、これから見つけてください。

たとえば私は今、会社にいる時よりも、大好きな音楽を聴いている時やカフェでおいしいものを食べている時のほうがずっと心が安らぎます。

「ここにいると落ち着く」「これをしている時は自分らしくいられる」というものこそが、"居場所"なのではないかと思います。

だから、もし今いる場所に疲れたなら、一度立ち止まって休憩してみてください。

そして「よく頑張ったね」と自分を褒めてあげてください。

目が覚めたら、
担任教師が隣で寝ていた

鳩羽映美

私は、小学6年生の中盤から不登校になった。

私は幼い頃から容姿が悪く内気な性格で、友達はほとんどいなかったけど、特に大きないじめなどにあっていたわけではなかった。
だから学校を休み始めたときは、大人たちに何度も「どうして学校に行かないのか」と尋ねられたし、親には頬を叩かれたりもした。
「どうして、不登校になったのか」。
それは、20代後半になった今でもうまく説明ができない。
でも、ちょっと振り返って整理してみようと思う。
それから、6年生の時の担任の先生にまつわる思い出についても。

そもそも、小学校なんて入学した当初から嫌いだったし、なんなら幼稚園だって嫌いだった。
容姿や内気さ、要領の悪さのせいでどこに行っても浮いてしまう存在だった私にとって、逃げ場のない空間に閉じ込められてビクビクしながらみんなと同じことを繰り返す日々は、そりゃ普通に苦しかっただろうなぁとは思

う。
でもそれを言葉にする術もなかったし、「学校は毎日通うのが当たり前」と刷り込まれていたから、きっと苦しさに対する自覚もあんまりなかった。
それでも、思春期が始まる小学6年生ごろになってようやく、「この抑圧された状態のまま集団の中に居続けたら、自分の輪郭がぼやけてなんかヤバいことになる気がする」みたいな、自分が自分ではなくなるみたいな、漠然とした恐怖のようなものが噴き出したんだと思う。

だから、「頭が痛い」と言って学校を休んだ。
本当はしんどいのは体よりも心だったけど、どうしてもそれは言えなかった。
振り返ってみると、「体が悪い」は学校を休む理由として認められるけど、「心が辛い」は認められないし、それに、心のことを言葉にするのは恥ずかしいことだと思っていた気がする。
とにかく「頭が痛い」を毎日言い続けて学校を休み、激昂した親に病院まで引きずられて頭のMRIを撮られ、当然結果は異常なしなのでその理由は使えなくなり、それでも自分の気持ちをうまく言葉にできなくて、私はただ、「行きたくない」と言った。
「学校に、行きたくない」
それだけでは、周りは納得してくれなかった。
どうして、なんで、学校に行きたくないの？
私は困って、言った。

「担任の先生が怖い」
でも、これは、嘘ではなかった。
不登校の原因はそれだけではなかったけど、でも、私はその先生のことが本当に苦手だったから。

６年生のときの担任教師は３０代後半から４０代前半くらいの女性で、体格がよくて、低い大きな声でいつもハッキリと喋る人だった。
そして、笑うときはしっかり目尻を下げて笑ってくれるけど、でもそれ以上にとにかくイライラしやすくて、すぐに男言葉で怒鳴るので、私はそれが怖かった。

例えば一度、クラスでグループごとに分かれて、折り紙の輪っかをつなげた飾りを大量に作ったことがあった。
それを教室の壁に飾るのは先生の仕事で、それは大変な作業だから先生はイライラしていた。
私たちのグループの飾りには、男子がふざけて作った、黒の輪っかがたくさん混ざっていた。
教室を飾るための輪っかに黒が混ざっているのを見て、先生は思いきり顔を歪めて「なんだこのグループは黒ばっかり使って！　いやらしい（感じが悪い）な！」と思いきり怒鳴った。
そういうことは日常茶飯事だったけど、私はその声や、顔や、静まり返る教室の空気が怖くて仕方がなかった。
「いやらしい」という言葉の使い方も、嫌だった。

恨（うら）み言ばかりで申し訳ないけれど、もうひとつ。

私は６年生の時に足を怪我して、一時期、松葉杖で登校していた。
そして階段を使うのが大変なので業務用のエレベーターで教室まで向かうのだけど、ある日、エレベーターに乗るために通らなければいけない裏口のシャッターが、数１０センチしか開いていないことがあった。
子どもの私でも、かがまなければ通れない。
シャッターの内側にいた先生が、そのシャッターを開けてくれるのだろうと思ったのだけど、先生は「くぐれるでしょ？　入ってきて」と真顔で言った。
かがんで隙間をくぐれるなら松葉杖を突いてはいない、と思ったけど、その真顔が恐ろしくて、私は隙間をくぐった。
実際なんとかなったので、別に、先生の言う通りにしたことではなかったのかもしれないけど。

先生のことを思い出そうとすると、ぎゅっと固い、冷え冷えとした記憶ばかりが蘇（よみがえ）る。
悪い人ではなかったはずだし、きっと、してもらったことも多くあるはずなのに。

そう、「してもらったこと」。
不登校になってから、先生が私にしてくれたこと。

不登校が長引くと、だんだんと生活リズムが狂い始め、夜に眠れなくなる。
そうすると当然朝起きられないので、余計に学校に行けなくなる。
私は「もう学校には行かない」と開き直ることができず、「学校に行かなきゃ」「普通の子になるために学校に行きたい」という焦りに次第に苦しめられるようになっていたけれど、それに反するようにどんどん体は正常な時間に眠るのを拒んでいった。
本当は、本心では、もう二度と学校に行きたくなかったのかもしれない。

その日も私は、夕方なのにベッドでぐっすりと眠ってしまっていた。
だけど、ふっと違和感を覚えて目を開けた。

そしたら、満面の笑みをたたえて隣に横たわる先生と、目が合った。

先生は、私の隣で、首までしっかり布団に入った状態でこちらを見ていた。
厚くファンデーションを塗った頬の毛穴の感じや、大きく吊り上がった真っ赤な唇、作ったように下げられた目尻を、至近距離で見た。

ものすごい衝撃だった。

学校に来ない私の様子を見に、先生はわざわざ家まで訪ねてきたそうだ。
それを親が部屋に上げ、ベッドにまで入ることを許した。
先生は眠っていた私を「分かっているよ」と言わんばかりの笑顔で見つめ、普段見せるような鬼の形相はかけらも示さず、私を無理にベッドから出すこともしなかった。
ただ呆然とする私に気味が悪いほど優しく何事かを話しかけ、そのまま帰っていった。

子どもながらに、熟睡している布団に他人、しかも好きではない他人が入ってくるというのは本当に怖いし、恥ずかしいし、びっくりするし、なんというか、屈辱的なものだった。

でも先生に悪気はない。
むしろわざわざ、学校が終わってからの時間を割いてくれた。
でも、じゃあなんで私の心はあんなにも冷え切ってどうしようもなかったんだろう。
どうしてあんなにも、「土足だ」と感じたんだろう。
実際、物理的に足どころか全身で踏み込まれたのだけれど。

私は、この時の一連の出来事に「感謝」をするべきだったのだろうかと、今になって考えてみたりする。
けれどどれだけ考えてみても、私の胸の内に広がるのは

「こんなにも当人の心が問答無用で置いてけぼりにされる出来事ってあるのか」という衝撃と、「あのとき、先生はいったいどういう感情だったんだろう」という分からなさだけだ。

あの時、あれをされて私が学校に行く気になると、誰かが思ったのだろうか。
もしかして私以外の全員が、あの出来事で私が「心を入れ替える」とどこかで期待したのだろうか。
それほどまでに、私のしていることは、「悪いこと」なのだろうか。
あの頃、私がもう少し自分の気持ちを言葉にして説明したり、うまく立ち回れる術を持っていたりしたら、少なくとも他人が勝手にベッドに入ってくることはなかったのだろうか。

だけど私はあの出来事を、誰にも「嫌だった」と言うことができなかった。
それは、「学校に行かない」という行動をとった自分を、"加害者"だと思っていたからだと思う。
学校にも行けないだらしない人間だから、人に迷惑をかけているから、親を悲しませているから、周りのほうが正しい。
そう思っていた。
あらかじめ自分でそう思っていないと、きっと心のどこかが、壊れそうだった。

でも私は、「ただ私でいた」だけだ。
「ただ私として惑っていた」だけだ。
けれどそれは許されず、誰かの手を煩わせ、そして、衝撃的な出来事を問答無用で呼び込んだ。
そんな象徴として、あの先生の笑顔は今も私の中に残っている。

あの頃の私にもし会えるとしたら。
「いまは信じられないかもしれないけど、大人になったら少しはうまく立ち回れるようになるから」
「いま心が傷んでいるってことも、そしてそれは恥ずかしいことではないんだってことも、少しは理解できるようになるから」
「だから生きよう」
くらいのことは、言ってあげられるかもしれない。

ぼくの日記帳

7月19日(木)

まど／男性／10代

ここ数年つらい気持ちが消えない。

通っていた高校を1年ほどでやめて、今は別の高校にいる。学校が変わったら、再スタートが切れるかなとも思ったが違った。
学校が変わろうが将来に対する希望が見えない。そのことを何人かに相談したら、だいたいの人が「つらい気持ちとなんとか付き合っていくしかないね」と言った。正論だと思うが付き合っていけるほどの能力も気力もないからずっと落ち込んでいる。解決にならない。鬱を改善する方法が見つからない。受験も近いが勉強する気力も出ない。
つらい気持ちを小さくできる方法、つらい人生を乗り切る方法を、誰かに教えてほしいがどうしたらいいか分からない。
誰かに話を聞いてほしい。どうにかして助けてほしい。切実に思う。

夏休みが終わらない高校

緑丘まこ

わたしは１５歳の頃、重度のひきこもりになった。
夜が終わるのが怖い。
朝が来るのがおっくうでしかたない。

自宅の宝塚から電車やバスを乗り継いで通う神戸の女子校までの道のりは、長いのに短い。
永遠に学校に着かなければいいのに。

学校の最寄り駅に着くと、突然吐き気に襲われる。
母に駅の公衆電話から電話をして
学校行きたくない
と泣きながら声をしぼりだした。
わたしの言葉にパートに行く前だった母があわてふためいていたのを今も鮮明に記憶している。

いじめにあっていたわけではなかった。
むしろ八方美人だったわたしは、どのグループからも緑丘ちゃん緑丘ちゃん、と声をかけられ、派閥のあるグループの悪口を四方八方から延々と聞かされた。

友人が友人の悪口を言う。
終わらない悪口、終わらない毎日。終わらない人間関係。

人間不信になるわたし。

次第に作り笑いする事に疲れ、人を避けるようになった。そしてひとりでいる事の方が気楽だと感じるようになったのだ。

わたしは結局、１年生の夏が始まる前に女子校を中退した。

自宅は借金まみれで、中学生の頃の進路相談で担任の先生に「通信制の高校に通いながら働きたい」と相談したことがあった。
しかし、担任の先生はかたくなに「通信制は絶対にやめとけ！ 働くのも大変だし、緑丘はすぐやめるはめになるぞ。普通の高校に通って卒業してから働くのもおそくない」と三者面談で来ていた母の前でわたしに言った。

中学生の頃、親友とこっそり学校をさぼって梅田に遊びに行ったり、毎日そもそも学校に行かずにさぼりまくって日頃の行いが悪かったわたしは、担任の言葉に反論して意思を述べれるほどの威勢もなかった。

親はわたしのために借金に借金をかさね、私立の女子校にいれてくれた。
わずか２ヶ月で退学するとは知らずに。

退学してから、わたしは金髪に髪を染めた。
しかし、実はわたしはまだ退学していなかった。
母が、もしかしたらわたしの気が変わって学校に行ってくれるかもしれないという望み持ち、退学届けを出していなかったのだ。

わたしは追いつめられた気がして、無我夢中で傷みまくった金色の髪をハサミでザクザク切った。
わたしの頭は坊主頭になった。
パートから帰ってきた母が青ざめる。
「学校には絶対に行かない」
わたしは、坊主頭をなでながら誇らしげに言った。
それでも母は、わたしの坊主頭を「ベリーショートもいいじゃない、カッコいいから学校行きなさい」と何度も言ってきた。
しかし、わたしの耳に母の言葉が届くことはなかった。
それどころか、母が高校に行けとわたしに言えば言うほど反発してひきこもりたくなった。

親友がわたしを心配して学校帰りに様子を見に来てくれたが、当時のわたしにはストレスでしかなかった。
キラキラした高校生活を送る親友。
心を病んで家から一歩も出れないわたし。
同じ時間を生きているのに、一歩もわたしは進めていない。
わたしはとうとう親友まで拒否するようになり、ますま

す孤独になっていった。

夏が終わっても冬が終わっても、わたしの髪は不揃いのままだった。
ストレスで自分の髪をむしっていたからだ。
もう、一生このままかもしれない。
出口のない真っ暗なトンネルの中でずっととじこもっている気分だった。

転機は訪れた。

同じ年の人達が高校2年生になった頃、わたしは母のすすめで通信制の高校に通うことになったのだ。
通信制の高校は、学費もかなり安くて
(これなら自分で働いて学費払えるな)
と思った。

ひきこもり生活に終止符を打てたのは母の笑顔があったからかもしれない。

いつだって母はわたしを見捨てずに支えてくれた。
わたしがひきこもりだった時期も、母はパート帰りにコンビニでいつもわたしのためにお菓子を買って帰ってきた。

通信制の高校は、中退した女子校よりもはるかに遠い場

所にあったが月に2回、学校に行き授業を受ければあとは自由だ。
自由といっても、家でしなければならない宿題はいくつか出されるが、正直勉強嫌いなわたしでも楽勝だった。
中学時代の担任にあれほど通信制の高校には行くな、行ってもすぐやめるはめになるぞ、と頭ごなしに言われたが、最初から女子校ではなく通信制の高校に行けばよかった、と母と一緒に後悔した。

自分にあった居場所は、人それぞれ違うのだ。

通信制の高校では、いつもわたしはひとりだった。
ひとりだったけれど、決して孤独ではないひとり。

周りを見渡すと、同年代くらいの若者からおじいちゃんおばあちゃんまで、様々な年代の人が同じ学校に通っていた。そして授業もみんなそれぞれ自由にこの日はこれを勉強しよう、と自分で選べる移動教室スタイルである。
そのため、女子校に通っていた頃のような人間関係の煩わしさが一切ない。
みんな本当に自分の意思で純粋に勉強しに学校に来ている、そんな気がした。

通信制の高校に通いながら、スーパーやレンタルビデオ屋でバイトした。
バイト先では人間関係でいろいろあったが、月2回の通

信制の高校ではゆったりと気分転換にすらなった。
通信制の高校の授業帰り、本屋やラーメン屋に寄り道して帰るのが大好きだった。

ひとりの時間。
わたしの時間。
夜が明けるのはもうこわくない。
春休みも夏休みも冬休みも終わらない。

自分のペースで、自分の歩幅で学べる場所。
あたたかい場所。
わたしにとって通信制の高校とはそんな場所だった。

わたしが通信制の高校を卒業したのは２１歳だった。
普通の高校に通っていれば１８歳で卒業する。通信制の高校は自分のペースでゆったりと学べるのでわたしは２１歳で卒業したのだ。

普通って何だろう。

おじいちゃんおばあちゃんになってから学校に通い出す方もいる。
わたしは思う。
死にたくなったり、辛くなったりしてまで、その状況のまま学校に通う必要なんてないのではないか、と。

学校を辞める事は決して「逃げ」ではない。
なぜなら学校はいつでもわたし達を受け入れてくれるのだから。
必要になったら、また通えばいい。違う形で。
その頃はおじいちゃんおばあちゃんになっているかもしれない。
それでもいいのだ。

わたしが通信制の高校で見かけたご年配の生徒さんは、当時若者だったわたし達よりイキイキと輝いているようにみえた。
わたしは周りの生徒さんと交流はなかったが、ずいぶんと励まされた気がする。
一緒に頑張ろう、と。

卒業式は、日曜日だった。
母が卒業式のため、わざわざ学校まで来てくれて、帰りに神戸のハーバーランドで卒業祝いをしようと言ってくれた。

ホテルのランチビュッフェ。
「うーん」
母が、レストランの前でうなる。
「どしたの？ お母さん」
「うーん」
母はまたうなった。

「あのね、平日のランチビュッフェはこの値段より千円くらい安かったはずなんだけど……」
母が困った顔で言う。
「あ、わたし働いているしわたしがご馳走（ちそう）するから大丈夫やで、お母さん！」
いろいろ察したわたしは母にこう言った。
自分の卒業祝いといえど、今まで母に苦労をかけてきた感謝もこめてご馳走するくらいなんてことない。むしろさせてほしいくらいだ。
しかし、母はうなった。
「でもね、今日はまーちゃん（わたし）のお祝いだから、お母さんがご馳走したいの」
母はかたくなにそう言った。
しかし……。
「でも平日より千円……うーん、うーん」
しつこくうなる母。
次第に短気なわたしはイライラしてしまい
「もういい！　知らん！」
とレストラン前でうーん、とうなる母を置いてホテルを出た。
そして少し離れた場所にあった建物内のレストランに適当に入ってひとりでランチを頼んだ。
その間、わたしの携帯に公衆電話から着信が鳴っていたがわたしは無視した。
おそらく、いや１００パーセント母からの着信だった。
当時、携帯電話を持っていなかった母は何度も何度もし

つこく公衆電話からわたしに電話をかけてきた。しかしなかなか怒りがおさまらず無視し続けた。

その後、食事を終えてようやくお腹が満たされた頃だった。

ピ〜ンポ〜ンパ〜ンポ〜ン

けたたましい大音量で館内放送が流れた。
「お客様に迷子のお知らせをいたします」
なんだ、迷子か。
他人ごとのように食後コーヒーをすすっていたそのときだった。

「兵庫県宝塚市からお越しの緑丘まこ様、繰り返します、兵庫県宝塚市からお越しの緑丘まこ様、お連れ様が迷子センターでお待ちしてます」

顔面蒼白、とはこういう瞬間を言うのかもしれない。
わたしの名前がフルネームで日曜日のハーバーランド内を大音量で響き渡った。
日曜日。休日、神戸か梅田に出る人が多い日曜日。もしかしたら、知り合いが聞いていてもおかしくない。
わたしは顔を真っ赤にして、神戸を足早に出た。
迷子センターで待つ母を置いて……。

母にあの日のことを振り返って話すと
「ごめんね、あの頃は家が借金まみれでわたしの給料もお父さんにほとんどとられて、財布の中にあるお金で足りなかったの。平日の料金と違うから……」
母はかなしそうに謝ってくるが、わたしはせつなさと笑いたい気持ちでそのたびに忙しくなる。

そんなにお金で苦労かけていたのに、母が卒業祝いにホテルのランチビュッフェをご馳走しようとしてくれた優しさ。
それだけでじゅうぶんである。
あの頃、若くて未熟だったわたしは気づけなかったけど。

そして、迷子の放送をされた当時は、恥ずかしくて仕方なかったが、今では思い出の一つだ。
それも強烈な。人に話すと笑われる出来事だし、わたしもつい笑ってしまう。

こんな思い出もひっくるめて、２１歳で卒業した夏休みが終わらない高校は、わたしにとってかけがえのない青春である。

夏休みが終わって死ぬくらいなら、逃げて。
そして、時間をかけたっていい。
自分に合う居場所がどこかにある。

自分の「青春」は「今」を逃しても、必ず違う形でやってくるのだと信じて。

…。
＃8月31日の夜に。

石井志昂

通学途中、ふいに同級生から声をかけられて驚き、「ああ、今日も学校なんだ」と今さらながら憂うつな気持ちになる。「学校へ行くのはもうやめよう」と思っていたが、そんなことはできない。今日も学校、やっぱり行かなきゃダメなんだ……。
という「学校へ行く夢」を不登校をしたにもかかわらず、10年ぐらいにわたり見ていた。中学校2年生で学校へ行くのをやめ、長きにわたった親子のわだかまりが消え、働き始めてなお、その夢を定期的に続いた。
脳科学者の茂木健一郎さんも、不登校はしていないが学校はキライだったらしく、大人になってからも「学校へ行かなきゃ」と思う夢を見ていたらしい。
その話を茂木さんから聞いたとき「自分だけじゃなかったんだ」と安心した。立派なサクセスストーリーだけじゃ救えない気持ちがある。そんなことをあらためて知った日だった。

保健室登校を止めた
悪魔の方法

えるえつ@哲学・音楽

私は小学４年の秋から中学３年の７月までの約６年間、不登校と保健室登校をしていました。それを止めたきっかけと、その１０年後の話をします。

* * *

不登校のきっかけは、実はハッキリとは思い出せません。忘れないようにしようと思い立った中学生の頃には、核心部分を忘れていたからです。

ただし、私が成人してから母親から聞いた話と私の断片的な記憶映像を頼りに大まかなストーリーをつかんでいます。これが事実かは分かりませんが、今の私にとっての真実をお話しします。

私が不登校になった原因は、同級生たちから心ない言葉をかけられ、からかわれたことにあります。小学校の廊下の隅、ちょうど行き止まりになっているところで、６人ほどの男子に囲まれている映像を思い出すことができます。

特に悪いと私が判断した男子Jくんは、まさにジャイアンのような背格好のガキ大将らしい大柄な子でした。複数人で囲まれていることもあり、腹立たしくも反論や反撃、逃げ出すことすらできなかったのでしょうね（闘争も逃走もできない状況はトラウマを作ります）。

それどころか、そこいじめっ子たちのからかいという名の攻撃を誰も咎めなかったことが、学校という場自体を恐ろしい場所にしました。たんに攻撃されて傷ついただけではありません。彼らを罰せず私に対して共感を示さない、周りの人々に対する信頼をも同時に失ったのです。

結果、私は学校、特に教室に行くのが嫌になりました。小学生の私はそれでも、時折学校に行っていました。理由は、放課後に友達と遊ぶためと給食を食べるためです。それと、特定の教科の授業と行事はほとんど出ていました。楽しそうだったからでしょう。

* * *

私は田舎の出身なので、小中学校は全員エスカレーター式でした。そのため、いじめっ子たちとは中学校でも一緒でした。それでも、中学1年生の4〜6月までは他の生徒と同様に教室で過ごしていました。しかしその後、再び不登校になりました。

しばらくして、母に「保健室に行って、給食食べない？」と言われて、ホイホイ出かけて行ったのを覚えています（食い意地張ってますね）。その後は、保健室や図書室を行き来したり、やっぱり家にこもったりしながら過ごしていました。

中学2年生になり、同級生の友人に誘われて部活を始めてからは、部活も楽しみになりました。それでも、遅刻は当たり前で、週に2度は休んでいました。

そんな私に転機が訪れます。中学3年の7月、夏休みまで残り1週間ほどの頃です。

私が保健室にいるとき、2人の男子がやってきました。1人は小学生の頃に仲良くしていたAくん。もう1人が憎きJくんです。いつの間にか2人は仲良くなっていて、ケガをしたAくんの付き添いでJくんが付いてきたようです。

私はAくんとは話をしたかったのですが、Jくんとは話したくありませんでした。けれど、片方だけに話しかけるのも悪い気がして、ケガの処置をしているAくんのかたわら、Jくんと話すことになりました。

彼は、私が知らぬ間にただのミリオタになっていました（見た目は据え置きですが）。そして、私は彼がしゃべる

内容がとても薄っぺらいと感じるようになりました。

彼が心を入れ替えたとか、善良になったとか、そういうことはありません。自分が何をしたのかも忘れているでしょう。ただ、私に少し知恵がついて、一番悪いと思っていた彼の底の浅さが見えるようになったのです。だから、もう恐れる必要がないことを悟りました。

Jくんのことは、そのとき私の心の中で決着がついたのです。

すぐに「夏休みまでの1週間、朝から教室に行く」と私は宣言しました。当時の担任の先生は疑っていましたが、実際に教室に行くようになったのです。それは卒業まで続きました。

* * *

私は高校に進学しました。いじめっ子の何人かとは同じ高校に通っていましたが、クラスとその階が違っていたため、ほとんど遭遇しませんでした。

そして大学にストレートで進学・卒業し、社会人となりました。もういじめっ子たちと会うこともありません。

……と思っていました。私は10年以上の歳月の後、再

び彼らと邂逅することになりました。Jくんではありませんが、その仲間たちだった残りの4人とです。

きっかけは、親戚の結婚式です。私には同い年の（同じ小中学校に通っていた）親戚がいます。彼女が、幼なじみの同級生と結婚することになったのです。

新郎は、いじめっ子たちの友人です。彼らはいまだに繋がりがあり、式に呼ばれたそうなのです。会いたくないと不安に思いながら、式に臨みました。

彼らは、驚くほど変わっていませんでした。大声で新郎をからかい、ヤジを飛ばし、嘲るような笑いをあげていました。

遠巻きに見ていた私は「うわ、ガラ悪い……。近寄らないでおこう」という感想しか浮かびませんでした。きっと、とても苦い表情をしていたはずです。結婚式でその主役を貶めるようなことをいうのは、祝いの席における儀礼のルール違反ですから。

式が終わり私が帰ろうとしているとき、彼らは揉めていました。酒を飲んだ勢いで、結婚式場に備え付けられたプールに飛び込もうとして、式場の係りの人に止められているのです。

それを横目で見つつ、私は帰宅の途に着きました。ゆっくりと自分の心を覗きながら。

私は喜びを感じていました。彼らと自分がまったく異なる人間であることが。私は他者をからかったり攻撃するという手段を用いなくても、自分のことを肯定できます。徒党を組んで盛り上がることで、不安や漠然とした自己否定から逃げる必要もありません。なぜなら、情報を集めて地道に考えれば、それらの感情を手放せるからです。無知な彼らがかわいそうに感じました。

自分の中にある、この真っ黒な気持ちの名は「軽蔑（けいべつ）」です。そして、この喜びに名前をつけるなら「優越感（ゆうえつかん）」でしょう。

軽蔑と優越感は、コインを表と裏のどちらから見るかという違いしかありません。相手が劣っていることに注目すれば「軽蔑」、自分が優っていることに注目すれば「優越感」です。

そうしてあの夏の日、Jくんに感じたものが、軽蔑だったことを発見したのです。

＊＊＊

私はずっと軽蔑という感情を感じ取れずにいました。なぜならば、大嫌いな彼らが、他者に投げかける感情が軽

蔑だからです。彼らと同類になりたくはありませんでした。「僕はアイツをなぐらない。なぐれば奴らと同じになるからだ」。そのため抑圧、すなわち本当は心の中にあったにも関わらずないことにしたのです。

けれど、彼らも私もある間違いをしていました。実は、軽蔑という感情は、優劣をつけるだけでなく、仲間とそうでない人間を分けるという力も備えているのです。

私の間違いは、自分の身近にいる人は誰しも仲間だと思っていたことです。クラスメイトとはみんな友達で仲良しだと思っていたからこそ、友達から傷つけられたことに激しく動揺したのです。小学4年生のあのとき、私が軽蔑できていたなら、彼らは仲間でも友達でもなく関わるに足らない存在だと分かったなら、道筋は変わっていたでしょう。

これに対して、彼らの間違いは、仲間を軽蔑していることです。彼らにとって軽蔑はコミュニケーションの方法のひとつであり、自己肯定の手段でもあります。けれど、軽蔑は人を遠ざけます。お前は仲間ではないというメッセージを孕むからです。きっと彼らは、彼ら自身と同類の人としか関われません。私のようなある一定の人々からは、疎まれ遠ざけられながら生きていくのでしょう。

* * *

もう1つ、私は嬉しいことがありました。彼らと関わらなくて済む今が、とても幸福に思えたのです。それどころか、不登校や保健室登校をしたことによって、彼らと関わる時間が1分1秒でも短くなってよかったと思いました。

私が我慢して教室に居続けていたら、この結論にたどり着く前にもっとたくさんの忘却と抑圧が待っていたでしょう。とすると、最善とは言えなくても健闘したと言えます。

悪いのは自分じゃなく、彼らです。もしも彼らが悪くなかったとしても、理系オタクの私と、体育会系ヤンキーの彼らの相性がいいわけがないのです。心ない人の輪から、離れられて本当によかった。

* * *

私は不運でした。彼らに出会ったことや傷ついたことは帳消しになりません。けれど、私はその責を問われることもありません。なぜなら、当時の私は非力だったからです。戦うことも逃げることもできず、何が起こったかすら理解できませんでした。

非力だったのは私だけではありません。彼らも、学校関係者も、両親も、問題を解決するすべを持ちませんでし

た。場合によっては大人すら非力なのです。

すでに時は経ちすぎ、今さら彼らの罪をとがめる気にもなりません。なぜなら、私は彼らに何も求めるものがないからです。私は彼らよりずっと幸せに生きられます。

謝罪すら必要ありません。なぜなら謝罪は人間関係を修復するためのものだからです。そもそも関わり合うつもりがないのに、謝られても無意味で虚しいだけです。

* * *

彼らは彼ら自身のふるまいから、勝手に苦難に飛び込んでいくでしょう。人を軽蔑すれば、その人は仲間でなくなっていきます。ただでさえ、現代では攻撃的なコミュニケーションは疎まれるのですから、助けを得にくくなります。

私は何もしません。彼らに復讐(ふくしゅう)、つまり悪いことを起こして罪を自覚させなくても、彼らは悪いのです。先生も親も、彼らが悪いことをたわいもないこととして矮小化し、放置し、目をつむってしました。

でも、今の私にはちゃんと見えています。悪いものは悪い。仮に他人が問題なしとしようが、罪を咎めなかろうが、何を悪いとするかは私が自由に決められるのです。

希望は必ずしも、僕らを生かしてくれるわけじゃないけれど

すなふ

今から9年前、15歳のときのこと。僕は「死」をとなりに置いたことがある。
少し暖かくなってきた、冬のよく晴れた日だった。

＊ ＊ ＊

高校1年生になって少し経った頃、僕は言葉が思うように出なくなっていた。
自分の名前すら、満足に発することができない。言葉が頭に浮かんでいるのに、どうしても1音目が口から出てこない。喉は詰まった排水口のようになっていて、声が自分の意図とは違う流れ方をする。

その頃、自分にとって2つの大きな出来事が起きていた。

1つは、母の降りかかる手をつかんで初めて押し返したこと。
それまで「親」だと思い、怖れて、反抗していたのは、自分の力で倒れる一人の人間だった。その瞬間に、自分の中で「親」という存在が壊れた。
母は狂ったように暴れ、爪でえぐられた親指の傷は今で

も残っているけれど、それ以来、母の手が降りかかることはなかった。
「敵」だと思っていた存在が敵ではなくなり、自分を戦わせるものがなくなった。
オイディプス王でいうところの親殺しが、１５歳で来たのだった。
不安定になった自分は、自立を迫られた。

もう１つは、別れた恋人が自分の中で偶像化したこと。
依存し、たくさん傷つけることで愛を搾り取っていた恋人が僕のもとから離れていった（もちろん自分が全面的に悪い。今でも後悔している）。
自立を迫られる中で、愛という足場が崩れ落ちた自分は、無意識に自分を保とうとしたのか、恋人を偶像として自分の中に内在化させた。
僕は無宗教だが、自分にとってのキリストができていったと考えるとわかりやすい。

言葉が出なくなったのは、こういった心理的な負担や、いびつな精神構造が重なって、いわゆる吃音症が発症したのだった（当時は吃音という言葉も原因もよく知らなかったけど）。

とめどなく湧き上がる感情が、ただでさえ収集がつかないのに、言葉という外の世界と繋がるための橋を失くし、どんどん自分の中で沈んでいった。

僕は軽いうつ状態に陥った。

うつというのは面白くて、これでもかというくらいに自分や他人を攻撃する感情が湧いてくる。
これは不幸中の幸いだったと言ってよいのかわからないけど、大好きだった少年漫画の主人公たちは絶対に人を恨まなかったので、僕もかたくなに人を恨むことはしなかった。ジャンプは本当にいい仕事をする。

行き場をなくした感情たちは、自分を責めはじめる。
僕は生き耐えるために、手首を切り、偶像に思いを馳せた。

初めて自殺未遂を起こしたのは、ちょうどこの１年前、中学３年生にさかのぼる。

＊＊＊

多くの人にとって、中学３年生というのは、生まれて初めて「自分で自分の将来を決める」ことを迫られる年齢である。
程度やかたちに差はあれど、部活や恋にいったん区切りをつけ、やって来る将来へと向き合うのだ。
地方に住んでいると学校の数もかぎられているから、選択肢はだいたい決まっているけれど。それでもいくつか考えうる将来の中から自分の道を選びとっていく。

かくいう僕も、１０月に入るとしぶしぶ受験勉強へと移行した。
大好きだった部活を引退するのは、初めて自分の居場所から引き剥がされる感じがして、落ち着かなかった。
それが嫌で、夏休みが終わるくらいまではバスケットコートに入り浸っていた気がする。

冬になると、学校と家(たまに塾)の往復になった。
部活ばかりやっていたので、成績はすこぶる悪い。それでも幸運なことに、勉強は好きだった。乾いたスポンジみたいに、やればどんどん出来るようになるのが面白くて、友達と成績の伸びを競い合った。今よりもっと自由になる高校生活に想いを巡らせた。
あれほど入り浸っていたバスケットコートは、自分の居場所から抜け落ちつつあった。

＊＊＊

家に帰ると、怒号が飛び交っている。壁に穴があき、物は壊れて横たわっている。
うちは二世帯住宅で、暮らしている人が多いから関係がこじれやすいのだろうけど、みんながみんな自分のことを守ろうとしていた。
本当のところの理由はよく知らない。

もちろん僕も例外ではない。安心感という足場がないぶん、叫ぶことによって自分を支えていた。
通っていた中学校はとても好きな場所だったけど、僕の世界は、学校と家がすべてで、どっちもたぶん、すごく自分の心を作っているから、どっちかが上手く行かないと、全然気持ちが落ち着かない。

受験生だった僕は、ちょっと無理をして県内で1番難しい高校に行こうとしていて（仲の良いヤツらがみんなそこを受ける）、落ちたときのこともよく考えてたんだけど、落ちたときに頭に浮かんでくるのは、家で飛び交う叫び声だった。人の声は、居場所を作る力を持っている。
「自分の居場所はどこにあるんだろう」
どれだけ怒号を張り上げても、考えても、そのことで居心地がよくなるわけじゃないけど、それしかできなかった。
自由が待っているはずの将来は、自分に希望というおもりを持たせてバスケットコートには戻さなかった。

ふと「志望校に落ちたら死ねばいい」と、言葉が頭をかすめた。
ぷつん、と糸が切れるような音がした。

死という概念の甘い響きに、いっぱいいっぱいだった気持ちが解けていく。
「死」は、挨拶もなしにやってきて、安心感を置いていっ

た。
僕は生まれて初めて遺書を書き、机にしまった。
人が死を覚悟するとき、筆は止まったりしないのだということを知った。

* * *

合格発表の朝、受験番号が載ってなかったことを一足早く結果を見にいっていた友人から聞いた。
茨城の田舎だったので、発表は受験校の掲示板に張り出される。

念のため、自分の目で確認しにいったけど、やっぱり載っていなかった。
同じく落ちていた友人と、滑り止めに受けていた私立の高校に一緒に行くことが決まった。

その後、カラオケに行って友人と一緒にレミオロメンの「３月９日」を熱唱した。
不思議と落ち込んではいなくて、受験が終わった開放感と、高校生活へのワクワク感が勝っていたことを覚えている。
さんざん歌ったあと、帰り道でドラッグストアに寄った。
睡眠薬を買うためだ。

痛いのは嫌だし、寝て死ぬなら怖くないなと思ったから、

たくさん睡眠薬を飲んで死のうと思った。
致死量はだいたい調べていて、そこに売っていたやつだと5箱くらい必要だった。
財布を確認すると、中学生の所持金では高くてとても買えなかった。

ドラッグストアをあとにすると、気が抜けてしまい、道端に座り込んだ。
我ながらとっても安直な考えで頑張ってたんだなぁと、少し呆れて、なんだかホッとした。
机にしまった「死」を取り出して、外に出てから破いて捨てた。
こうして僕の小さな死は、未遂の未遂くらいで終わってしまった。

希望は、必ずしも、生につながるわけじゃない。
ぷつん、と切れた気持ちと、将来への希望は、1ミリだって繋がってなんかいなかった。
希望よりも、もっと小さな粒みたいなものが、たまたま僕を生かしたんだなと思った。

* * *

高校2年生になって少し経った頃、僕は左手の切り傷を隠しながら、スクールカウンセラーの先生のもとを訪ねた。
それまで通っていた精神病院は、その頃に起きた大きな

地震のせいで、なんだか疎遠になっていた。

先生がいる部屋は「相談室」と呼ばれていて、学校や家、友達や家族との関係をうまく紡げなかった生徒たちが集まってくる。
相談室は予約制で、保健室の先生を経由して事前に予定を入れてもらう。

少し緊張しながら、相談室のドアに手をかける。
高校生の自分にとって、それは自分を弱者と認めるような行為だった。
そのときに自分が属していたグループや、他校の知り合いたちの中で、弱者は１人だっていない。

意を決してドアを開けて、部屋に入る。僕より３倍ほど長く生きている１人の先生が佇んでいた。
その人は、僕の顔を見ると笑いながらこう言った。
「よく来たね。君は来ると思っていたよ」
それが慶子先生と初めて話した瞬間だった。

＊　＊　＊

先生と話すのは、決まって水曜日の１４時から１５時、週１回。
水曜日は、お昼を食べたら５限目には出ずに図書室で少し本を読んでから、相談室へと向かう。

寝坊した週は、教室に行かずにそのまま先生のもとへと向かうこともある。

他愛もない話をしてから、気持ちが落ち込んでいるときはそれについて話をする。なんとなく自分の中で答えをつかんで、相談室を出てから考えた色んなことを、次の週に持っていって一緒に整理する。

他の生徒は３〜４週ほどで悩みが解決して来なくなるらしいけど、僕は高校を卒業するまでの２年ほど、合計１００回くらい通っていた。
１００個も悩みはもちろんなかったけれど、その時間がとても好きだったので、高校３年生になってうつ状態が落ち着いてからも、足繁く通い続けたのだった。

最初に抱いていた気持ちの他にも、バスケ部でのこと、クラスでの文化祭のこと、通い始めた俳優の養成所が楽しいこと、恋人と別れようと思っていること、将来のこと、いろんなことをゆっくりと話して、見つめていった。

慶子先生は決して問題や答えを言ったりしなかったけど、たまに関係のない話や、最近のお仕事の話を通じて、今の自分が持っていない気持ちや視点をくれる。

「ほんとうはカウンセラーは自分のことについてあまり話しちゃいけないんだけど、あなたには話しちゃうわね」

慶子先生は、茨木のり子の詩の話をしながら、そう言って笑っていた。
大人や子供関係なく、自分が1人の人として見られているようで胸のあたりが暖かくなったのを覚えている。

特に話すことがなければ、相談室でずっと本を読んでいるだけの日もある。
お菓子をもらって帰るだけの日もあった。

週に1度、先生を通じて自分のかたちを知っていく、認めていく、作っていく、好きになっていく。
そんな時間が、2年ほど続いたのだった。

* * *

高校3年生が終わる頃、僕は行きたかった慶應義塾大学のサイト上で、自分の受験番号を確認した。
小さくガッツポーズをして、学校へ向かう。

先に受験が終わっていた親友やクラスメイトたちと抱き合って、少し泣いた。職員室に行くと、担任や教頭、教科担当の先生たちが湧き上がった。
不安定で、遅刻ばかりしていた自分は、とても周囲に心配されていたようだった。
いい学校に来たもんだなぁと呑気に考えながら、一通り挨拶を終えて、最後に相談室へと向かう。

予約はしてなかったけれど、保健室の先生にお願いして慶子先生が空いている時間を教えてもらう。
少し待ってから部屋に入り、合格した旨を伝えると、慶子先生は泣き出してしまった。

どれだけ心配させていたのかとあたふたしていたが、先生は僕のこれからの道筋が決まったことが、とても嬉しかったようだった。
「あなたは、まだレールがないと、どこかへ飛んで行ってしまいそうだもの」
そう聞いて、僕は少し笑った。
先生はこう続けた。
「でもあなたは、これからもきっと、大丈夫。だって、あなたは誰より、これまで悩んできたもの」

僕は知った。この人はこんなふうに人と向き合うのだと。
そして、人はこんなふうに誰かを受け入れ、誰かを愛し、誰かのことを大丈夫だと信じることができるのだと。
この人は、誰かの背中に手を置き、押し出して、そしてどんな選択であれ、相談室で待っていてくれる。
僕は生まれて初めて、こんな大人になれるなら、これからも生きていきたいと思った。

偶像は、いつの間にか消えていた。
今思えば、自分はドアに手をかけたあの日、強者であることよりも、生きていくことを選び取ったのだった。

* * *

卒業してからも、不安定になると慶子先生とたまにデートをしていた。
そのときに、あのときのことを聞いてみた。
「あなたはなぜか来ると思っていたのよね。廊下ですれ違ってから、気になっていたの」
また先生は笑った。
理由は釈然としなかったが、何年か経ってから読んだ『世界地図の下書き』という小説に、その答えが書いてあったような気がした。

この小説の中では、孤児院で育つ主人公に向けて、同じ場所で育った少女が望んではいない自分の運命を受け入れ、ある言葉を残して去っていく。
「私たちは、絶対にまた、私たちみたいな人に会える。逃げた先にも、同じだけの希望がある」

希望は、やっぱり必ずしも、生につながるわけじゃないけれど、希望よりも、もっと小さな粒みたいなものが、たまたま人を生かしていく。
それでも、その小さな粒たちが自分に残っていって、自分を生かしてくれる希望になるんだと思う。

誰かが見せた希望は、人を生かさない。
けれど、あなたが出会ってきた粒は、あなたを生かす希

望になっていく。
僕は、15歳のときの自分に、そしてこうして出会えたあなたに、心底思うのです。

俺もあなたも、これからもきっと、大丈夫。

あれから9年が経ち、僕はもうすぐ24歳になります。
慶子先生との差は、2倍ほどに縮まってきました。

実は、大学に入ると両親に向けて感謝の手紙を書いて泣かせてしまった話や、美談にはしきれない弟たちへ僕がしてしまった罪と罰などの話もありますが、それはまた追々。

なお、ここには書ききれていませんが、僕がここまで生きていく上で出会った、大切な人たちがいます。
親友の中崎、愛すべきクラスメイトたち、担任の萩原先生、小児科医の大塚おじいちゃん、予備校の鴨さん、舞台を通して僕の過去と向き合ってくれた演出家の太田さん。
その方たちに感謝を捧げるとともに、この小さな「死」は締めくくろうと思います。

今も言葉はうまく出ないけれど、僕は15歳のときのことの意味を、こうしてときどき、ひっそりと汲むことがあるのです。

「好きなこと」に救われた１０代の頃の話

serico

※餌やり禁止なのでお弁当は死守しました。

左の４コマ漫画は、昨年の今頃Twitterにアップしたものです。
なぜ１０代の私は動物園にたびたび行っていたのか、どうやって辛さを乗り越えてきたのか。
以下の文章は、＃８月３１日の夜が辛かったかつての私のような子に向けて、何か少しでも辛さを和らげる助けになればと綴ってみたものです。
あくまでも一つの方法として、お読みいただけたら幸いです。

＊　＊　＊

学校という場が、苦手でした。

好きなアイドル、好きな歌、スカートの長さ。
そんな些細なことが「みんな」と少しずれただけで後ろ指をさされてしまう空気。そんな「みんな」に合わせなくちゃいけない場にいなければならないことが、辛かった。
１０代の頃は、ずっとこの辛さが続くのかと思っていました。

いま、大人になった私の前には、当時の辛さはありません。
好きなことを仕事にして、楽しく生きています。
才能があったわけでも、努力が得意だったわけでもない

私が、辛い時期をなんとかやり過ごすことができた大きな理由は、とある「相棒」と出会えたことだと思います。

その「相棒」とは、「好きなこと」です。

私はポケモンが大好きなので、ここから先はその「相棒」を「ポケモン」にたとえて話しますね。
(ポケモンがわからない方は、「ポケモン」を「好きなこと」に置き換えて読んでください。……できればプレイしてください(笑)。)

１０代は、「博士からポケモンをもらわず、いきなり草むらに入った状態」なのだと思います。
いきなり外の世界に放り出され、ポケモンも連れずに一人で草むらに入ったあなた。守ってくれる人はいません。草むらには敵がうようよいます。一人で進むには心細い。でも、「ポケモン」＝「好きなこと」がいれば、心の支えになって守ってくれるし、同じ「ポケモン」が好きな仲間ができることもあります。戦うことだってできる。

私が１０代の頃に出会った「ポケモン」は、「絵を描くこと」でした。
辛いことから逃げ、学業すら放り出して、絵を描くことに熱中する私を褒めてくれる人は誰一人としていなかったけど。
それでも絵が心の支えになってくれたし、学校の外の世

界に仲間ができるきっかけにもなりました。
もしあの頃、辛いことからは逃げちゃいけないんだ、と大人の言うことを素直に聞いていたら、今の「好きなことを仕事にして、毎日楽しく生きている私」はいなかったと思います。

いま、辛い思いでこれを読んでいる人は、あなただけの「ポケモン」＝「好きなこと」を探してみてください。
お気に入りの漫画でも、ペットの猫でも、ＳＮＳでも、好きなお菓子でも、なんでも大丈夫。
なんなら「二度寝」とかでもよいです。寝具とかに徹底的にこだわって最高の二度寝を研究してみたり（二度寝をレベル１００にする方法がみつかったら、ぜひ教えてください）。

あなたの「ポケモン」は、最初はレベル５で、たいあたりとしっぽをふることくらいしかできないかもしれません。
それでも少しずつ経験値をためていけば、あなたの「ポケモン」はいろんな技が使えるようになって、強い相手にもやがて勝てるようになります。
レベルを上げていくうちに、思いもよらない姿に進化することもあるかもしれません。それも楽しみだね。

もちろん「好きなこと」があっても、旅の途中には目の前がまっくらになることがあります。そういうとき私は、

「ポケモンセンター」に駆け込んで回復していました。
例えば上の4コマ漫画のように動物園や、図書館などがそうです。
好きな作品の世界にどっぷり浸かるのもおすすめです。
空想なら場所を選ばずどこでもできるので。

学校の「みんな」に無理に合わせて辛い思いをするよりも、自分の「相棒」との関係をゆっくり大切に育むことのほうが、よっぽど大切なことだと思います。
辛さを無事にやり過ごせますように。

＃８月３１日の夜に。

大森靖子

野菜が食べられない。給食が食べられなくて、昼休みや掃除の時間まで机に座らせ続けられるあの屈辱を味わったことがあるかどうかで信用できる人か否かをいまだに判断してしまうほどである。

なので、中学校はお弁当持参で、プールの授業もないというメリットのある私立を受験し、中高一貫の自称進学校に通うこととなった。「校則なし」と謳っているのも魅力的だった。
しかしそんなのは嘘っぱち、果たされない政治家の公約みたいなもの。実際は何か目立つことをするたびに、ひとと一緒であることを求められた。

じぶんにしっくり来ない言葉や服を身に付けるのが苦手だったので、制服とか、学校指定カバンとか、そういったものがとても嫌いだった。
反射板のついた、リュック・肩掛け・手持ち３ＷＡＹのダサい学校指定カバンを、二度と開かないように、１００均で買った犬の首輪の鎖でグルグル巻きにして引きずって歩くことを毎日始めた途端、友達がいなくなった。
みんなはその学校指定カバンを持っていないと怒られるのに、私は私の犬学校指定カバンを持ち歩くと怒られる

ようになった。そのことで先輩に目をつけられ、チャリに毎日画鋲を刺されパンクさせられた。
髪色、制服の着こなし、上靴の履き方、アイプチ、リップの色、チャリのハンドルの角度。

「あなたは、我が校の制服を着て、我が校の看板を背負って歩いているんです。看板がそれではこの学校にいてもらうわけにはいきません」と教頭に言われた。私は私を生きて歩いているだけで、学校の看板ではない。校長室に呼び出され、自主退学を促された。転校先を手配するから、辞めさせるわけにはいかないから自主的に退学しなさいと強要された。せこい。
その時私の性格を知っている母親に「やめないでやりなさい」と言われ、半年間反省してない反省文を書き続け、出席日数ギリギリ最低限だけ通い卒業することを決めた。学校に行かない日は大好きなカラオケにひとりで一日中行っていた。学校の裏サイトをつくり管理していた。

進路面接で美大を受験することを伝えると、「美大がダメだった場合に行く一般大も受験してください」と言われた。できるだけ多くの"一般"大合格実績がほしかったのだ。とことん最後までクソだと思った。

保健室登校で便所飯でも、私は私をあの学校でもどこでも貫いて、今こうして大好きな歌を歌って生きている。ざまあみろって感じ。

ぼくの日記帳

7月29日（日）

毛布／女性／10代

家族と出かけた帰りに駅前に置いていた自転車を取りに行った。自転車を見つけ帰ろうとしたら入口に同級生がいた。小学生の頃私によくちょっかいを出してた男の子。部活帰りで体操服を着ていた。私はもう学校に行ってないからその体操服が眩しくて仕方なかった。とりあえず髪で顔を隠して出ようとしたが自転車が引っかかってしまった。当然その同級生やその友達とかにも見られた。今日は日曜日だ。彼らは日曜日でも部活をしているのに私は呑気に出かけてバカみたいで消えたくて死にたくて恥ずかしくて。力ずくで自転車を押して遠回りして坂道を下ってから家に帰った。お昼ご飯のパンのチョコレートのコーティングがドロドロになっていた。少しでもバカになりたいと思った。

夜には隅田川の花火大会の中継がやっていてたくさんのきれいな花火をみた。花火が咲いて消えて落ちて煙になってしばらく夜空に浮かんでまた花火が上がり咲く。美しくてきれいで涙が出そうになった。私も花火みたいに咲いて夜空で死にたい。

顔の傷跡でからかわれた私が
不登校にならずにすんだわけ

磯野真穂

突然ですが私は鼻の真下に傷があります。そこまで大きなく、通りすがりの人が振り向くほど目立つわけではないですが、人によっては気づくようです。

「もし気にしてたら悪いんだけど、『みつくち』で産まれた？」と聞かれたこともなんどかあります。
詳しいことは知らないのですが、調べたところによると、みつくちの正式名称は口唇裂。
鼻の下と上唇が裂け目でつながってしまうような状態で、その形がうさぎの口元ににていることから「兎唇」と呼ばれたり、あるいは「みつくち」といわれたりもするそうです。（いま「みつくち」は差別語として使われなくなっているようです。）
口唇裂で生まれる赤ちゃんは意外と多く、４００〜６００人に１人くらい。昔は治す方法もなく差別的な扱いを受けた人もいたようですが、いまは手術で治すことができ、傷跡もほとんど残らないとのこと。

さて、私の鼻の下の傷なのですが、いまも縦に線が入り、少し盛り上がっています。なので人によっては口唇裂の手術跡に見えるのかもしれません。

ですがこれは手術後ではないのです。
この傷痕は、私が3歳の頃、玄関から落ちて怪我をしたことがきっかけでできました。

母親が父親に「まほちゃん見ててね」と声をかけて外に出たにもかかわらず、「うん」と返事をした父親は、私ではな巨人戦を観てしまい、その間に1人で歩き回った私は、玄関から墜落したのです。どういう落ち方をしたのか知らないのですが、その時に鼻の下が縦に裂けました。

母親はあわてて私を小児科に連れて行ました。
担当した小児科医からは、「傷は残らないから大丈夫」と言われ安心して家に帰ったですが、しばらくしてテープをとってみると、傷口が盛り上がって痕になっています。

女の子の顔に傷が残ってしまったと、白髪がほんとうに増えるレベルで母は悩んだそうです。
もし私が気にしだしたら、整形手術で治してもらおうと思っていたそうですが、幸い私がそれほど気にするそぶりもなく生活していたので、それに救われたと母は話します。

さて、なぜ私は顔の傷跡を気にせず生活をすることができたのか。

それは私の心が強いからでも、「見た目なんて関係な

い!」というゆるぎない信念を幼少期の頃から持っていたからでもありません。

どちらかというと私は信じられないことを言われると、びっくりしてうまく反論できず、その言葉をいつまでも引きずってしまったり、時には動悸(どうき)がしたりすることもある人間です。
そんな弱い私がなぜ傷跡を気にせず生きてこれたのか。それには大きな理由がありました。

＊＊＊

小学校に入ると私は近所の1学年上の女の子から、傷のことをからかわれるようになりました。

その子が何をしたかというと、自分の鼻の下を指さし、それを上下に動かして、笑いながら「じーこー、じーこー」と私に向かって言うのです。
なぜこんな言い方を思いついたのかよくわかりません(こういうときの子どもの発想はある意味残酷です)。
でもとにかく、これは周りの子たちにウケたらしく、それを見ていた登下校が一緒の子たちも、その真似をし出しました。しかも片道2.5キロだったからけっこう長い……。

そしてついにそれは、クラスの男の子たちにも伝染し、

私は集団でそれをされる立場になってしまったのです。

当然私の心はざわざわし、それを言われるたびに、みぞおちのあたりがしめつけられるような気持ちなりました。
でもみんな面白がっているので、その雰囲気を壊すわけにはいきません。私は一緒に笑いました。そしてときには、そう言ってくる子を笑って追いかけたりもしました。

言ってる子はなんの悪気もないんですよね。でもこういうことがエスカレートしていじめになるのかな、とも思います（というか、あの時点でいじめであったのかもしれません）。

* * *

ところがそのからかいは、ある日を境に一切なくなりました。そして「じーこー、じーこー」の発案者である上級生の女の子からは、「ごめんね」と書いた手紙まで渡されたのです。

なぜこんなことが起ったのか。

実はその悪ふざけを一緒に見ていた、同じく1学年上のアイちゃんという女の子が、「ああやって、みんなで人の傷をからかうのはよくないんじゃないか」と、学級会

でそのことをとりあげてくれたのです。
そしてアイちゃんの問題提起は、私のクラスの担任に伝えられたのでしょう。今度は担任の先生が、私の知らない場所で、男の子たちを注意してくれていました。

アイちゃんとは家族ぐるみの付き合いで、よくお互いの家に遊びに行きあう仲でした。アイちゃんはどちらかというとおとなしく、しかもものすごくあがり症で、テストになると緊張して鉛筆を持つ手が震えたり、シャープペンの芯が入らなくなったりする女の子です。

そんなアイちゃんが学級会で手を挙げ、私のことを問題提起するのはものすごく勇気がいったと思います。でももしあのときアイちゃんが勇気を出してとりあげてくれなかったら、あのからかいはもっといろんな人に広がったでしょう。
そしてそれは、そのうち深刻ないじめになり、私は不登校になっていたかもしれません。

でも私の知らないところで友達が、担任の先生が、そして親が私を守ってくれていました。こうして社会が守ってくれたからこそ、顔の傷を気にせず生きてこれたのだと私は思っています。

でも今でも思うんです。

もしあのとき、アイちゃんがいっしょになって私をからかっていたら、

もし担任が「いじめられるほうにも問題がある」と、とりあわなかったら、

もし親が「もっと強くなりなさい」と私に言っていたら、

学級会でとりあげたくれたアイちゃんまで、一緒にいじめられるようなことになっていたら——、

きっと私は本当は嫌なのに、いっしょに面白がっているふりをしつづけたと思います。

そして大きくなったとき、「この傷のせいで人生がうまくいかない」と傷を呪い、「あんたが巨人に夢中になっていたから私はこんなに苦しんでいる！」と父親に罵声のひとつやふたつ浴びせていたかもしれません。

ですが、家と学校という小さな小さな、でも私にとっては巨大な社会が私を守ってくれたおかげで、友人の小さな勇気が、私をくるむベールを紡ぎ出してくれたおかげ、私はそういう人生を歩まずに済みました。

*　*　*

そして20歳を過ぎたくらいからでしょうか。私は、顔のあれこれを、ひどく気にする人にしばしば出会うようになりました。

その「あれこれ」とは、大きめのほくろとか、あごの形とかそういったものです。私からするとそれは非常にささいなことで、なぜそんなに気になるのかがわかりません。
正直、「それが気になるなら、私の鼻の下の傷のほうがよっぽど目立つような……」と感じることもありました。

ですがそのことがきっかけで、「なぜ私は気にせずに生きてこられたのか」を振り返ることになったのです。

あくまで私の体験を踏まえた解釈でしかありませんが、顔に限らず、自分の身体のどこかをいたく気にしてしまう人たちは、気になってしまう部分について、強烈につらい思い出があるのではと想像します。

でもそのときに、「辛い気持ちになるのは当然である」と、「からかってくるあちらが悪い」、そういう言葉で真剣に守られる機会がなく、いろいろな事情でその気持ちを一人で抱えてきてしまったのではないでしょうか。

＊　＊　＊

新学期が始まるこの時期になると、こういう言葉がいろいろなところでよく見られるようになります。それはとても素敵なことだと思います。

でも、あの時の私の周りにこのような言葉があったとしても、私はこの言葉に反応できたのかよくわかりません。たぶんできなかったと思います。
なぜならあのときの私の中には、「今の状態が辛い」とか、「学校に行くのが嫌だ」とか、「これはいじめかもしれない」とか、そういう言葉がなかったから。
朝になるとお腹が痛くなったり、なんか嫌な感じがするだけだったから。

だから私は今日このツイートを見たとき、救われた気持ちになりました。

> **umeda temaki**　@temackee
> いじめられてる子どもに「自殺をやめろ」と言うなら、いじめてる奴に「いじめをや

めろ」と言ってください。
#8月31日の夜に

不登校に関する大人の言葉をみると、本人に向けてのアドバイスがあまりにも多いです。でもその前に──
「そういうのを見たら勇気を出して止めよう」
そういうアドバイスがなぜ先に立たないんだろうと思います。

たぶんそれは、大人自身が、いじめのようなことは大人になってもたくさんあることを知っているからだと思います。
声を上げて事を荒立てるより、見過ごしてしまったほうが、波風立たずにうまくいくことを知っているからだと思います。
それに加え、いじめられている子がいたら、周りの友達が止めに入って、それでいじめが止まるなんてことは夢物語。
そう思っているからだと思います。

たしかにこういう現実は確固として存在していると思います。私も大人になってこういう現実をたくさん見てきました。
でも小学校低学年の私は、そんな夢物語に守ってもらえました。言葉がなかった私は、言葉を使って私を守ってくれる人たちに助けてもらえました。だから不登校にな

らずにすみました。

私はすごく運がよかったと思います。恵まれていたと思います。
でもこの話を、運がよかったで終わらせていいのかな。
世界がどこでもこういうカタチであったほうがみんな幸せじゃないのかな？
そう思います。

だから８月３１日の夜に私もこう言いたいのです。
いじめられている子どもに「逃げろ」というその前に、いじめている人に「それをやめろ」と言ってほしい。
そして私もその強さを持てる人間でありたいと思います。

＊　＊　＊

最後に、１０代の悩んでる君へ、というハッシュタグに仲間入りさせてもらったので、何か言おうかと考えたのですが、あまり言葉がみつかりません。

それでも今の私が何かを言えるとしたら、こんなことだと思います。

小学校低学年の私は自分を守る言葉を持っていませんでした。でも周りにいる人の言葉が私を守ってくれました。

日本語には５０音しかありません。でもそれしかないのに、そこから生まれる言葉は無限です。

これを読んでくれている１０代のみんなは、不協和音のように組み合わされた言葉でからだがいっぱいになっているかもしれません。
でも人を陥れる言葉の組み合わせもあれば、救ってくれる言葉もあります。

だから人と話すのが辛かったら図書館に行ってたくさんの本を読んでみてください。漫画だってもちろん大丈夫。その中から、自分を穏やかにしてくれる言葉を少しずつでいいから身体の中に貯めて行ってください。
そうやって言葉を貯めておくと、自分を押しつぶすような言葉に囲まれても、その言葉たちが、身体の中から自分を守ってくれます。

言葉のなかった私に言葉を与えてくれたのは、小学校ときは遺跡の本、中学の時は星空の本、そして決定的な言葉を与えてくれたのは文化人類学という学問でした。

私にとってはそれだったけど、音楽とか、景色とか、何気ない会話の一言の中に、みんなを守ってくれる言葉はたくさんあるはずです。その言葉に耳を澄ませてみてください。それを探しにいってみてください。

「居場所」という新しい可能性について

富岡美代子

この記事は、とある女子学生向けに書いている。
できるだけ、「死にたい」とか「人生つらい」って思っている人の心にも響く記事にしたいと思っているけれど、私個人が見聞きした、ごく一部の地域での話なので、人によっては夢物語に感じるかもしれない。
それでも、可能性を感じてくれたら嬉しい。

まず、「お前、誰だよ？」ってみんな思っているだろうから、自己紹介から始めよう。

私は、かつて中学・高校生の福祉的・教育的支援をしていた２８歳だ。かつての職場は生活が苦しい家庭を主な支援対象をしていた。

人間、お金がないとね、大人でも人生つらいんですよ。子どもにもお金をかけられなくなるし。また、大人だけでも生きてるの精一杯だから、子どもに愛情注ぐのが難しかったりするのですよ。そんな家庭の子どもって、これでもかってくらい理不尽と困難を抱えてたりするのですよ。
そんな家庭を支援していたので、「死にたい」とか「いじめられてる」とか「学校つらい」とか「人生つらい」とい

うケースの一部を、私は知っている。でも、人の数だけ人生があり、人生の段階の数だけ悩みの種類も数も違うので、誰に対しても「あなたのつらさ、わかるよ？」なんてことは口が裂けても言わないし、思わない。

今の私は何してるかって？
うーん、いろいろあって、無職をやってる。障害者手帳ももらってる。年金暮らしをしているので、経済的余裕もそんなない。家庭の事情で、住んでいる家は全然安心できる場所じゃない。「死にたい」って思うこともしばしば。

それでも、私が日々をサバイバルできる秘密を、この記事では書こうと思う。
キーワードは、「居場所」。

それでは、本文をはじめようか！

「居場所」というのは、様々な可能性を秘めた場所だと思う。ただし、最近、色々な場で語られているので、私が思い描く居場所像を明らかにする必要があるよね。

【私の思う居場所】
・安心して、自分らしくいられる。
・学校でも、職場でも、家でもない。
・その場にいることを強制されない。嫌ならいつでも出

ていける。戻ってこられる。
・行けば誰かと会えるが、1人でいることも尊重される。
・参加が義務ではない。月イチでも年イチでも、参加すればいつでも歓迎される。

ふむ。こんな感じかな。

私は、この居場所を、趣味コミュニティの中にいくつか持っている。
私は、病気で休職したり退職したり、とにかく人生に絶望したら、「何か新しいことを始める」ことにしている。おかげで、3DSや、アニメ鑑賞、読書、囲碁、着付け、タロット占い、ユニット折り紙が趣味になり、最近では競技かるたにも手を出しているんだけど。

これだけ個人的に好きなものがあり、SNS（趣味コミュニティならmixiが充実してる気がするな）も発達してると、コミュニティに登録しておくだけでオフ会に誘われることもあるわけで。オフ会（もちろん、いい会もあれば、ひどい会もある）に参加させてもらって、特に居心地の良いところは継続的に関わっている。
特に、某サークルは私の思い描く居場所像にぴったりなので、遊びから人生相談までお世話になっている。

また、喫茶店も私の居場所のひとつになっている。
「店が混雑してないとき限定」ではあるが、個人経営の

お店では、顔見知りになった店主やお客さんとのんびりと会話ができる。

こんな感じで、私は家の外に居場所をもち、生きづらい日常をサバイブしている。
もちろん、頻繁に通う金銭的余裕はない。だから、仲のいいメンバーとはSNS上で友達になっておき、ゆるく交流できるようにして間を保たせている。

この「居場所」は、最近では学校内にも作られている。目的としては、日常的に、支援者と生徒、生徒と生徒同士が交流することによって、ポロっとこぼれた本音を相談機関や福祉的アプローチに繋ごうというものだ。

私には某県で校内居場所カフェを運営する知り合いがいて、時々ボランティアに行っていたことがある。
校内居場所カフェは、一見すると、生徒が楽しくお菓子やジュースを片手にボードゲームを楽しむ場だ。学年を超えた交流なんかも生まれたりする。

進路や恋愛話なんかは、生徒であれば共通の話題だ。「同学年ではダメでも、先輩ならいいこと言ってくれるんじゃない？」「ボランティアの恋愛上手そうなお姉さんなら、いいこと言ってくれるんじゃない？」そんな感じで、遊び空間のそこかしこで、人生相談が始まる。
そこで「いいこと」言ってもらえた経験が積めると、「相

談するといいことあるんだ」「ここの大人は信用できる」という自信が生まれてくる。

居場所カフェはそこからが本番だ。

カフェの人間への信用が溜まると、「ぶっちゃけ、人生つらいんだけど」という話も、こっそりと大人に相談できるようになる。大人（支援者）が学校内外にネットワークを持っていると、その相談内容に応じて、然るべき大人たち（教員や、カウンセラーや、スクールソーシャルワーカーなど）が解決に動き出す。
それが（私の知っている）校内居場所カフェだ。

冒頭で、「この記事はとある女子学生向けに書いている」と書いた。
彼女は、生きづらさを抱えた、コミュニケーションが苦手な現代の子ども・若者に、新たな手法でアプローチしてほしいと訴えていた。

まだ導入している学校は少ないけれど、校内居場所カフェという解決法をもっている大人たちもいるのだ、ということを彼女に伝えたくてこの記事を書いた。

また、学校に行けない（あるいは学校を卒業してしまった）人には、私個人の経験を通して、「趣味という逃げ道があるよ」ということを伝えたかった。

「あんたがコミュ力高いから、たまたま上手くいっただけじゃね？」
そうかもしれないし、そうじゃないかもしれない。

ただ、あなたが人生をあきらめようと思っていて、手元にいくばくかのお金があったら、好きなことや興味があることに使い切ってみてほしい。好きなこと・興味あることや、やっていることをＳＮＳで自慢してみてほしい。共通の趣味のある人に「いいね」を押しまくってみてほしい。
もしかしたら、その過程で趣味仲間が見つかって、人生捨てたもんじゃないって思えるかもしれない。
少なくとも、私はそうやってサバイブした。

＃８月３１日の夜に。

ヒャダイン

友達がいなかったわけではないけど、親友と呼べるものではなかった。独りでいる自分を見られたくなくて中学高校としょっちゅうトイレでお弁当を食べていた。この話をするとみんな引くんだけど、自分としては誰にも見られない空間であるトイレは特等席だった。

誰も僕のことに興味がない。誰からも必要とされない。自分が消えたところで誰も何も思わない。だけど両親は悲しむから死んじゃうわけにはいかないな。ああむなしい。むなしいなあ。誰かに自分のことを知ってほしいなあ。自分を必要としてほしいなあ。居場所がある人がうらやましいなあ。先生に可愛がられる人はいいなあ。休みの日に遊びにいく約束ができる人たちはいいなあ。昼休みにサッカーできる人はいいなあ。居場所がないなあ。自分がかわいそう。かわいそう。

光が強いほど影は濃くなる。キラキラなクラスメートがいる教室にいると自分の陰湿な闇が黒く伸びる。光のないところにいけば影も見えない、だからトイレの個室に走って鍵をかけた。職員も生徒もほとんど使わないこの場所のトイレは清潔だし静かだ。ここだと自分はかわいそうじゃない。もちろんわかってるよ！　自分が変わら

なきゃいけないってことくらい。でもそれができるならとっくにやってるよ！

そんな自分が大人の今、クラスメートなんか比べ物にならないくらいキラキラな人たちがあふれる芸能界で仕事をしてる。自分の影はまだまだ黒い。けど自分をかわいそうなんてもう思わない。僕の音楽を必要としてくれる人がいることを知っているから。あの日の僕に教えてあげたい。いつか、いつか、必要とされるからって。

逃げられないから、逃げるんだ。

古賀史健

小学4年生の夏、ぼくは転校した。

福岡県の北九州市から、筑後地方のちいさな町に引越した。転勤族の家庭に生まれたぼくにとって、4校目の小学校だった。新学期の9月1日から、あらたな小学校生活がはじまる。今度のクラスは4年4組らしい。転校するのは嫌いじゃなかったし、ぼくは新学期をたのしみにしていた。

ところが転校先の4年4組は、まるで勝手が違った。ぼくのことを「都会からやってきた生意気なやつ」として扱い、ちっとも仲間に入れようとしなかった。ほどなく上靴を隠したり、給食袋を隠したり、体操着を汚したり、わかりやすい「いじめのようなもの」がはじまった。けんかになり、彫刻刀で切りつけられたこともあった。担任の先生はそれについて裁判めいた学級会を開き、傷口をおおきくするばかりだった。

なんなんだ、このバカ学校は。このバカ教師は。ぼくは、ほとほとうんざりした。こっちだって、すき好んでこんなところに来たわけじゃない。向こうの小学校には、友だちがたくさんいるんだ。好きな先生もいて、たのしく

学級委員をやったりしてたんだ。それをお前らは、なんなんだ。お前らがそんな態度をとるんだったら、おれは帰るぞ。

ぼくは、ほんとうに帰った。

遠く離れた北九州市の、一学期まで通っていた小学校を、ひとり訪ねたのだ。秋に開かれた運動会の翌日、代休となった月曜日に。

半年ぶりくらいに訪れた小学校。一学期のおわりに「お別れ会」を開いてくれた、なつかしい４年２組。同じ校舎の同じ階、同じ場所にそのプレートはかかっている。教室のドアを勢いよく開くと、クラスのみんながどよめいた。担任の先生は泣き出さんばかりの笑顔でよろこび、友だちみんなが駆け寄ってきた。「どうやってきたの？」「きょう学校は？」「向こうの先生に怒られないの？」。まるで大掛かりな手品でも見たかのように、みんなが目を丸くしている。先生がどこかから余った机と椅子を持ってきてくれた。その日一日、ぼくは４年２組のひとりに戻った。みんなと授業を受け、みんなと給食を食べ、みんなとあそんだ。無敵だった。

そして給食が終わるころ、担任の先生がひそひそ声で訊いてきた。

「むこうの小学校では、だいじょうぶ？」

それまでぼくは、みんなに「むこうの学校がどんなにたのしいか」を力説していた。こんなやつがいるんだよ、運動会ではこんなことをするんだよ、古い古い体育館は「講堂」って呼ばれているんだよ、みんなとすぐになかよくなって、もうたいへんなんだよ。

にもかからわず先生は、「むこうの小学校では、だいじょうぶ？」と訊いてきた。心配そうな顔をして。

ぽろぽろと、涙がこぼれた。

だいじょうぶと言いたいのに、あかるく笑いたいのに、喉の奥に石ころが詰まったみたいになにも言えず、ぽろぽろぽろぽろ、涙がこぼれた。ぼくはなにをしてるんだろう、とはじめて思った。あそこに帰らなきゃいけないんだと、ようやく気がついた。それは、そう。たとえるならぼくがはじめて経験する「８月３１日の夜」だった。

翌日から、なにかがおおきく変わったわけではない。転校先の４年４組は、相変わらず居心地の悪い、バカな学級だった。自分のことを「都会っ子」だとは思わないけれど、こいつらはどうしようもない「田舎もん」だと思っていた。なかよくなる必要はないし、相手にするつもりもない。仲間はずれしたければ、おおいにけっこうだ。

お前らなんて、こっちから願い下げだ。

でも、ひとつはっきりしたことがある。
もう、帰る場所はない。ここで生きていくしか、ほかにないのだ。

けっきょくぼくは、翌年から地元の剣道クラブに入った。ふつうは３年生からはじめるもので、翌年（つまりは５年生）からはじめるのはイレギュラーなのだけど、それでもいいから剣道クラブに入った。学校以外に、自分の帰る場所をつくりたかったのだ。残念ながらそこで、大親友ができたわけではない。それでも自分に「学校とは別の場所」があるのは、とてもありがたいことだった。

長々と書いてきたわりに、なんの教訓もない話だ。

おとなたちは簡単に「逃げろ」と言う。苦しんでいる子どもたちに、さも簡単な選択肢のようにして「逃げろ」と告げる。でも、ひとりで生きることのできない子どもたちにとって、ほんとうの意味での「逃げる」は、むずかしい。不可能と言ってもいいかもしれない。たとえ逃げたとしても、また日常のなかに連れ戻される。逃げていった先で、自分がどうやっても逃げられない立場にいることを、突きつけられる。

でも。

一度でも遠くに逃げた経験をもっていると、たぶん連れ戻された日常のなかに「ここでの逃げ場」を探したり、見つけたり、つくったりが、ほんの少しだけ上手になるのだ。

逃げてもいいよ。逃げたほうがいいよ。そしてもうわかってると思うけど、どこまで逃げても、たぶん逃げきれないよ。また同じ場所に、連れ戻されるんだよ。でも、たいせつなのは逃げることじゃないんだ。「逃げかた」を、おぼえることなんだ。一度「逃げかた」をおぼえてしまえば、どこにだって自分の居場所はつくれるから。バカなやつらの、バカさ加減に気づいたきみだったら、きっとできるから。

そしておとなになれば、誰からも連れ戻されない場所まで、逃げていくことができるんだ。

４５歳のぼくは、いまそんな場所にいる。

それが希望になるかどうかはわからないけれど、事実としてぼくは、逃げて逃げて、ここまでやってきた。

その最初の一歩は、最低だった運動会の翌日に逃げ帰った、前の小学校だったんだ。

> ぼくの
> 日記帳

8月4日（土）

ふゆしろ／女性／10代

8月2日の午後5時頃、私は1人で下校していた。
すると、後ろから高校生が2人。
楽しそうに笑っていた。
そのとき私は「ぼっちの私を嘲笑っているんだ」と思った。
ごく自然に。
実際はそんなことない。あるはずがない。
でも、当たり前のようにそう考えていた。
そのとき気づいた、
「ああ、私はもうダメだ」

＃8月31日の夜に。

栗原類

小、中学生の時自分の行動に問題があったので周りと上手く馴染めずに学校中のほとんどの人から嫌われていました。その時、「なら自分も皆んなのことを嫌っちゃえばいいや」と思うようにしました。振り切って全員"敵"として認識したことにより自分の荷が軽くなった気がしました。すごく後ろ向きな考え方に見えるかもしれないけどこれもひとつの解決法です。

信頼する人がいないという前提でいたので学校に行っても失うものが無いという"安心感"を得て生活を続けていました。信頼できる人は2〜3人しかいなかったけど、結果的にそれでよかったんだと思います。変にグループに入って気を使うよりは素の自分でいることで安心できる人と趣味を話しあえた環境のほうがちょうど良いんだと思いました。

僕はその時思った。組織には馴染まないと日本じゃやっていけないけど、学校がすべてではない。学校は集団生活の場で、社会に出て集団生活をするための準備期間であるのは確かだけど、集団生活というのは「みんな仲良く」なんて出来る場所ではありません。それは学校じゃなくて社会でもそう。うまくやっていけそうもない人達

とどう折り合っていくのかを考えたり、自分とは価値観や考え方が違う人がこんなにたくさんいるんだと知る場所です。つまらないし誰も信頼できないならそれでよい、先生はあてにしなくてよい、でも自分の親だけは信じて相談できることは相談しよう。親が僕のために戦ってくれて真剣に向き合ってくれるから。

不真面目に生きればよかった

あげまんじう

初めて登校拒否をしたのは幼稚園の時だった。なぜかいじめられっ子にロックオンされてその子に近づくたびに睨まれて威圧感のある無視をされていた。それで嫌になって幼稚園を休んだが、数日ですぐ親に幼稚園に連れていかされた。登園したら隣のクラスの先生にニヤニヤしながら「幼稚園いやだって言ったんだって？」と話しかけられた。
笑いごとじゃねぇ！　幼児の微笑ましいぐずりなんかじゃねぇ！　と思ったが大人にはわからないかもしれない。しかしあの時の私は必死だった。

初めて自殺を考えたのは小学校３年生か４年生ぐらいの時だった。遺書を書いていたら涙があふれて書けなくなったので、早々に死んでしまおうと天井の蛍光灯にぶら下がっている紐を丸くくくって頭を通そうとした。しかし紐が短くてなかなか頭を通らない。苦戦している時に母親に見つかってこう言われた。

「蛍光灯が壊れるからやめて！」

ああ私より蛍光灯が大事なんだと落胆した。

中学3年生の時は「問題児」を集められたクラスに入れらた。私がそのクラスに入った理由はたぶん、夏休みの登校日を宿題をやっていないからという理由で休んだからだろう…。ミスった。
そのクラスは氷のような表情の子か不良かのどちらかしかおらずすさまじく地獄だった。いじめられた。登校拒否した。

* * *

今思えば学生の時なんて大人が悪いとブンブン振り回されるし、なんか上から物言われるし、真面目に受けてるのに痛い目に合う。ホント理不尽すぎることだらけ。クラスメイトも趣味も性格も合わないような人間の寄せ集めだったりして、いいクラスに当たるのも運しだい。転職サイト張りに転校サイトみたいのがあればいいのに学生は入ったら終わりな感じが否めない。地獄だ。

小中高で12年間学生をしている中でもたまにパラダイスのように楽しい時もあった。それは好きな人がいた時と仲いい友達がいた時。先生がダメであってもある程度結束できるから楽しめた。親がダメであっても「親がダメ」を共感できる友達がいると安心できた。やっぱり人との繋がり次第だったなぁと思う。

現在結婚して子供ができ、わりと幸せに暮らすことがで

きたのは「地獄の環境」から脱却したからだと思う。家族問題でも長年悩まされた私は家族から離れる事が出来なかった。満たされず「ない」ものを得たくて探し求めてずっと家族に囚われていた。満たされてない思いは非常に苦しく悲しく周りが見えなくなり辛かった。
だから本当…親にはちゃんと育ててほしかったなぁ！！

それもあり本当は自分も親になるのはとても怖かった。荒れ狂った家族環境がまた始まってしまったらどうしよう。私が私の母のようになってしまったらどうしよう。また繰り返されるのであれば家族はいらないと思った。妊娠した後も「産まない」を選択しようかと悩んだ。

しかし産んでしまうと子供は可愛くて可愛くてしかたないもので、私がこんなにも普通の日常を送り幸せを感じられるとは思わなかった。孫を見ることで私の家族もだいぶ人間らしくなり、環境が変わることってこんなに自分も人も変えるんだなーと感心する。

ハッピーに生きられることが最優先で問題を解決するのがいいとは限らなかったのだ。

この先人生のステージが変わって新たな苦悩もあるかもしれないけどなるべく楽観的に楽しく向き合っていきたい。

学生はなかなか環境から逃げることは難しいかもしれないけど、なるべく理解したい。もし私の子供がいじめ等々で学校行きたくないといい始めたら一緒にディズニーランドでも行ってみようかな〜なんて思う。ま、ケースバイケースで。

とにかく辛いことなら逃げる選択肢もいいかなと。

いや、ほんと、私の場合は結婚するまで本当に死ぬほど辛かった。今の問題ももちろんいろいろあるけど比じゃないぐらいに辛かった。

ああ、幸せになれてよかった。一旦めでたしめでたし。

結局生きててよかったよ。

新学期が来てほしくない子どもたちへ。

椎名トキ／都基トキヲ

トキです。
僕はアラサーのおばさんで、性別を定めていません。
小〜中ではいじめられている期間があり、高校でも嫌なからかいを受けることがよくありました。
そんなおばさんのひとり言です。
よかったら読んでくださいね。

また学校が始まりますね。
長い休みに親戚と会うと「学校はどう？」なんて聞かれるのがあまり好きではありませんでした。
上手くいっていないときはそんなこと言えるわけないし、上手くいっていても僕が好きなことなんて大人がそんなに興味があるわけないし。わかったように話されるとどうせ自分がイライラするだけだから。
当時は物分りのいい「よい子」にしていたので、よい子の顔の奥でお年玉さえくれればいいよ、なんて考えるクソガキでした。
大人になると、久しぶりに会った子供にどう話しかけていいかわからないときの定型句だと気づいたのだけど。
そんなのは大人になってから気づけばいいから、学生のうちは心の中で毒づいていていいとおばさんは思う。

学校に行きたくない理由は、いろいろだと思います。
家族にも「行きたくない」って、言いにくいですよね。

僕は高校生のとき、家庭の事情がゴタゴタしていて学校にも行きたくないときがよくありました。
実際、学校で授業を受けるふりをして一日中所属していた演劇部の部室にいたことも何度もありました。

学校に行きたくないとき、学校に行ってみた際の結果として2パターンあります。

[A] 行くまでが嫌だけど、行ってみたら「なんてことなかったなぁ」と思えるパターン

[B]「やっぱり行かなきゃよかった」としか思えなかったパターン

前提として、学校に行くことを促してくる人は[A]だと考えています。
でも実際は[B]の場合もあるよね。
学校に行きたくなかった時期のクラスでの授業は、[B]でした。
授業の内容よりも考えてしまうことのほうが多くて、先生の声が耳に入らない。授業に集中できない。
1時間座って授業に出ていたはずなのに何も得られない。出た意味がない。

けっきょく1日の途中から部室でサボることも少なくありませんでした。

そんなわけで、部活と部室は好きだったので面倒なときもあったけど参加していました。
「なんで学校に行かないの」と聞かれたくなかったから、行っているふうにしたかったのもあります。

そんなふうに、「学校に行っているふう」にしてみたらどうかな。無理ですかね。
僕の場合は部室だったけど、図書室とか。お小遣いがある子は思い切って映画館とか。正直、保健室は気まずいよね。

そういうふうにできたら、その時間でいろんな人の言葉に触れてみてほしい。
本でも、映画でも、ウェブの記事でも。誰かに出会うことができたらその人でも。
心に響かないものは忘れていいから、とにかく心に響くものをたくさん集めてみてほしい。
そのときに感じて集めたものは、おじさんになってもおばさんになっても宝物として覚えていられるものだから。
おばさん、学生時代よりも、大人になってからのほうがずっとずっと人生が楽しいです！
生きてみるもんだな、生き続けてよかったなと心から思

えることが何度もありました。

先に書いたパターン[A]だったらよいよね。
でも自分でそう思えないなら誰がなんと言おうと[B]なんだよ。
そう訴えたときに「なんで？」なんてくだらないことを聞かれるかもしれない。でも[B]でもいいんだよ。
[A]だったらラッキー！　そのくらいでいいんだよ。

自分が苦しいかどうかは、いつだって自分が決めること。

たくさん悩んで、心に響く言葉を集めて自分がどうしたいかを探してください。
どうしたいかも、自分が決めること。決めてよいこと。

自分のことを考えるために、教室以外にいる選択をしていいと、おばさんは思います。

142

まだ何者でもない
あの頃の自分へ

とみこ

今日は８月３１日。
夏休みといえば、家族で行ったキャンプ、おばあちゃんの家で見た花火、部活の練習に明け暮れた学生時代など、いろんな思い出が蘇ります。

私は昔から愛嬌もよく、手先も器用だったので、勉強、スポーツ、音楽、裁縫（？）まで、広い範囲をそつなくこなせる子どもでした。

三兄弟の真ん中で、努力家の姉と、天才肌の弟の間で育ってきたのですが、姉は小さい頃から「観光系の仕事につきたい！」という夢をずっとブレずに持っていて受験も就活も自分の努力で夢を叶えていたし、弟は持ち前の要領のよさを発揮して、受験も就活もなんなく乗り越え、今ではＡＩのエンジニアとしてバリバリ働いている。
そこまで努力をしなくとも短期間で７０点を安定的にとるタイプの私に対して、姉弟は努力してきちんと１００点をとってくるタイプだったのを覚えています。今思うと兄弟って本当に対照的で面白い（笑）。

私は器用で何でもこなせてしまうからこそ、努力なんて

する必要もないと思ってたし、何となく行きたい学校を決めて、何となく行きたい大学を選んで、何となくみんなが就活をやっていたから私もやってみて……って、「特にこれ！」という強い気持ちがないまま、大学卒業までを過ごしました。

就活は途中で結局意味を感じなくなってやめた。そのとき一番楽しかったスタバでフリーターとして働いていました。
優秀な兄弟や、就活して社会にでて行く友達を見ながら、何の肩書きもなく、お金もなく、彼氏もいなく、特にこれといった夢もなく。特に突出した能力もなく努力もできない自分に自信を持てない時期も結構あったし、１０代後半から２０代の前半にかけて、自分って何者なんだろう……ってずっと考えていました。

そんなこんなで悩みながら人より遠回りはしたけれど、いろんなバイトを経験して、会社員生活も短かったけど３年くらい経験して、自分探しも人並みにして(笑)。
今思うことは、人と比べて卑屈になる必要なんてないんだし、周りと合わせる必要もまったくないんだなぁということ。

子どもの頃は、大人になったら自分の道なんてもういちいち悩んだりすることなんてないと思ってた。でも、実際自分が大人になってみたら、全然違った。落ち込む時

だってあるし、常に小さな悩みはつきない。
たぶん、自分があの頃大人だと思っていた人たちも、自分の道に悩んだり迷いがあったりしてたんだろうなって今は思う。

大人になったら、すごいことを成し遂げている何者かになれるんだと思っていたけれど、大人になっても特に変わりはなく、自分は自分のままだった。
でも、まだ何者でもないということは、これから何者にでもなれるという可能性を秘めているんだってこと。

そして、あの頃悩んでた自分は、何者でもなかったからこそ、同時に何者にでもなれる可能性があって、だからこそ今の私があるんだと思う。
スタバでもんやり自問自答しながらも経験したことは、なんだかんだで今の自分に活きているし、人より遠回りした分、人とは違うオリジナルの経験がたくさんできて、自分に合う道を見つけられた。

だから、１００点を取れない自分を責めなくていいし、夏休み明け学校に行きたくなかったら無理して行かなくてもいい。自分が何者でもないこと、自分のやりたいことが見つからなくても焦らなくていい。

今はそう思っています。

8月31日の思い出といえば、ギリギリまで溜めておいた宿題に追われることだったけれど、大人になった今も原稿や請求書や締め作業に追われていて、やっぱり本質的にはあんまり変わってないなと思っています。

＃８月３１日の夜に。

とーやま校長（SCHOOL OF LOCK!）

高１の７月にそれまで続けていた野球を辞めました。自分の中に野球で１番になりたいという情熱はもうとっくになかったし、よし、これで好きなことが自由にできる！と解放的になった瞬間やってきた「では俺はいったい何をしたいんだろう」。

こりゃ困った。
今までの向かう場所、グラウンド、これから向かう場所、え、どこ。

周りを見ると、勉強がんばってるやつ、部活がんばってるやつ、彼女と幸せそうに毎日登下校してるやつ、これらに自分はどれも当てはまらない。彼女なんてできるわけねえ、俺みたいな銀縁眼鏡かけてるやつに。なんだ彼女って！　作り方の説明書どこで買ったのか教えてください！
相談する友達もいない。友達を信頼していないわけではないけど、何だか恥ずかしかったし、何よりこの気持ちの形、名称、出どころ、何一つわからないから相談しようもないわけです。同じクラスにデカルトとかいたらよかったんすけど。僕苗字遠山だからデカルト席１つ前だったろうし。

毎日は淡々と過ぎて行くけど、どこ向かってるのかわからない。
痛くはないけど、少し辛い。

自分が今いる世界にいつづけると、あれ、これたぶんしんどくなるぞ。

で、浮かんだ言葉「ここから手を伸ばす」。
ちょっと臭い言葉ですけど。

好きなお笑い番組、ここ北海道ではやっていない番組が関西ではたくさんやっているらしいぞ、って関西に通じてる友達にビデオテープ送ってもらう。
テレビで流れている音楽ではないカッコ良い音楽がある事を雑誌で知りお金貯めて買い漁り。それらウォークマンにぶち込んで片道１０分の家をわざと遠回り、２時間かけて新しい音楽聴きながら下校。
飽きたら好きな芸人の深夜ラジオにカセット変えてニヤニヤしながら歩いてる。

すれ違う人はそんな僕を見て「こ、こいつ……」と思うかもしれないけど、まあ自分で手に入れた自分なので何を言われようが知らない。

今、僕は、お笑い、音楽、ラジオの仕事をさせてもらってます。

> ぼくの
> 日記帳

8月24日（金）

サイ／男性／10代

あと何日かで学校が始まる
嫌だ。行きたくない。
またあの地獄を体験するのだろうか。

朝7時に起きてご飯を食べる
8時前に家を出て、8時30分に学校に着く
9時に授業が始まる
16時に学校が終わってから塾に行くのだろう
20時くらいに家に着いてご飯を食べてお風呂に入って
からまた勉強して眠る
そして新しい朝が来る。
そんなくだらない日々の繰り返し。

学校に行くぐらいなら死んで楽になりたい。
正直もうなにもしたくない
死にたい。早く死にたい。でも死ねない。
そんなことを思いながら生きていくのかな？
できることなら何も考えずに生きたい。

今でもときどきあの夏を

葉月このみ

今年の8月31日は9月3日。8月31日が金曜日だから、学校が始まるのは9月3日。

私はもう大人だから、今日30日だって普通に仕事してるし、明日は金曜日で、週の仕事終わり。

11年前、死にたくて死にたくて仕方なかった。お約束のようにリストカットをして、自殺サイトを見ていた。同性からのいじめも、異性からのいじめも、またお約束のようにちゃんと受けて、行きたくなかった学校に行って、1年半後の中3の春、本当に死にたくなった。私はいつも感情が遅い。

中学最後のクラス替えの日、帰ってからクラス替えの表を広げて、線で仲良しの子たちを結んだ。私だけどこにも結ばれなくて、ひとりぼっちになってしまった。あーあ。なんでこんなことしてるんだろう。

今度こそは上手くやって、人気のある子に気に入られるようにして、カースト最上位のグループに入った。学級委員もしたし、大好きな恋人もいた。成績もよかった。部活も一生懸命やっていた。いじめもなかった。でも、

死にたかった。夏にはごはんが食べられなくなって、6キロくらい痩せた。

こんなにがんばって、いい高校入っても、またがんばらなきゃいけなくて、がんばってがんばっていい大学入っても、また就職試験がんばらなきゃいけなくて、がんばったのに、疲れて電車に揺られるOLにならなきゃいけないの？　ずっとその繰り返しなの？　と思うともう終わりにしたかった。意味なくない？

連綿と続く日常に対しては、今だって絶望して眠れないことがある。こんな感じ。人はそう簡単に変わらない。就職しなきゃいけないことになった時、自分を憎んだ。なんでわかってたのに避けきれなかった？

今、15歳の頃に想定した未来から、大きく外れてはいない。「ほら、だから言ったじゃん」って15歳の私に言われそう。そうだよ、疲れて電車に揺られて帰る日、あるよ。だけど、可愛い服着てメイク直して電車に乗って、夜の銀座に出かけることだってできるんだよ。もう大人だから。キラキラの夜景のルーフトップバーで、昔感じていた虚しさとか切なさだけじゃない、自分でつかんだ実感のある幸せを、ゆっくり味わったりできるわけ。全肯定してくれる恋人と、これからする楽しいことについて話し合うこともできるの。そのあとエレベーターで下に降りて、ふたりで夜の街をいくら散歩したって誰にも

怒られない。車を借りてドライブしたっていい。ホテルに泊まって、ふかふかのベッドの上でケーキ食べたっていいんだよ。家に帰って朝まで映画観ても大丈夫だし、疲れて寝ちゃうまで過去のこと、今のこと、未来のことを話し合ったって大丈夫。

つらいかったの、ちゃんと覚えてる。今でも自律神経は失調してるし、どうせHSPだし。でも、抱きしめてくれる人がちゃんといるよ。時々生きてて本当にうれしいよ。昔の自分に会えたら抱きしめてあげたいと思う。今日、Eテレで「＃8月31日の夜に。」をみて、届くメッセージに昔を思い出して、何も言えないけど、えらいねって、手をぎゅってしたかった。

11年前の8月31日も金曜日だった。感情が鮮やかで、2007年のこと、今でも全然忘れられない。ねえ、11年後の8月31日のこと、想像できた？　さっき書いたこと全部しちゃうから。

全然、何があって生きてこられたのかわからないけれど、何の答えにもなってないけれど、明日も明後日も9月3日以降も、おいしいもの食べて、できるだけ楽して、かわいい顔して笑っていてください。

他人事と思えなくて、書いてしまった。こんな感じでも大丈夫だよ。私が大丈夫だから、あなたも大丈夫なんて

言えないけれど。つらいのは、今に甘んじていないからで。いつか違うところに行けるからで。

(明日になるの嫌なのわかるけど) どうかどうか、ゆっくり眠れますように。明日の朝が、少しでもやさしいものですように。

今でも、みんなにできることが全然できない。「は？ そんなこともできないの？ 甘えじゃん」と思われていそうで怖い。自分でも甘えのように思う。仕事だっていつまでできるかわからない。できないことが多くても、なんとか生きられるように試行錯誤中です。

９月３日にあなたは胸を張れるか

笹塚心琴

９月になりました。８月３１日は過ぎました。ただ、今年はまるで執行猶予のように９月１日と２日が残されています。

もしも自分が１４歳だったら、この２日間、どんな思いで過ごしてるのだろう。きっと過呼吸を起こしていたかもしれないと想像します。

でも、今の年齢になってようやく感じるのです。生きててよかったって。そりゃ、いじめの後遺症で精神科病院に３回も入院したし、一生薬は欠かせない体になってしまったけれど。

大切なダーリンと出逢えて、目標だった国家資格も２つ取れて、情熱を注げる仕事に就けて、趣味にも打ち込めて。

あ、これ、もしかして幸せじゃね？

なにより、「いじめられていた」過去より「いじめていた」過去を持つことのほうが、比べようもないくらい情けなくて恥ずかしいことなんだな、という気づきに救われま

した。いじめの加害者は、一生の負け犬です。負け犬のワンワンキャンキャンを相手にする必要は、私にはもうまったくないんだろうな。今では、心の底からそう思います。

とはいえ、「つらいものはつらい。逃げろと言われても逃げ場がない。あなたの若いころの苦労話なんて別に聞きたくない……」、そう感じている人へ。確かにこれは一介のオバサンのつぶやきに過ぎないかもしれません。でも「夏休み」が終わる前に、どうか少しでも耳を傾けてほしい、という切実な願いでもあるのです。

いうまでもありませんが大前提として、死んだら終わりです。苦しいことも楽しいことも、なにも感じられなくなってしまいます。苦しかったことは必ず後に心の糧になります。生きてこそ、なんです。すべては生きていることからはじまります。揺るぎない事実として、あなたは素晴らしい感性の持ち主です。学校なんて小さいハコには収まらないほどの。狭い世界を抜け出して、胸張って９月３日、返り討ちにしてやりましょう。

少なくとも、いじめで悦に入ってるような類のカス、いじめられるのが怖くていじめに加担してるチキン、見て見ぬふりの臆病者には張れる胸がありません。あなたはあなたらしくあればいい。あなたこそが、毅然と胸を張れるのです。

今は、死にたいくらいに苦しいとしても、どうか信じてほしいんです。未来はいかようにも広がります。生きてさえいれば、負け犬の吠え声に怯えた日々だって、いつか必ず笑い話になります。その日が来ること、そして笑顔を取り戻すために、生きることを決して手放さない自分を、強く信じてあげてください。

もしかしたら、時間こそかかるかもしれませんが、何年か経ってから、ふと「あ、今わたし、幸せじゃね？」って思える瞬間がふわりとやってきますよ。その瞬間を味わうためにも、とにかく、生きてください。

＃８月３１日の夜に。

あしざわ教頭(SCHOOL OF LOCK!)

中学３年の頃、高野くんという友達がいた。
高野くんとは、家にいったり、一緒にゲームセンターに遊びにいったりしている仲だった。でも親友っていうより、たまに遊ぶ友達っていう感じだった。
高野君の家はお金持ちだったけど親と上手くいってなかったのか、ちょっとグレていてヤンキーの友達とも仲良かった。

そんか高野くんが、ある時ヤンキー友達にいじめられていた。というかボコボコにされていた。ヤンキー仲間４人くらいに囲まれて、学校の中庭で次々に殴られていた。

「どうしよう」

そう思ったけど、何にも身体が動かない。
周り見回すと、たくさんの野次馬がいた。でも、みんな何もしないで見ているだけ。
結局何もできないまま、やられている様子を終わるまで見ていた。

そのあと、痛めた身体を押さえて歩いている高野くんに言った。

「大丈夫？　先生に言おうか？」

すると高野くんは

「芦沢がやられるからいいよ」

うっとなった。
確かにそうかもしれない。
自分もやられると思うと怖くなってしまった。何も言えなかった。

何とも言えない、不甲斐ない気持ち。でも、やっぱり何もできなかった。

それから高野くんとはだんだんと遊ばなくなってしまったけど、モヤモヤした気持ちだけは残っている。
今の自分だったら、あの時もっと助けることができただろうか。

ぼくの日記帳

9月1日(土)

#とある中学1年生／女性／10代

私は長々生きづらさを感じている。

私は学校が辛くていきたくないけれど家族が解決しようとするから行かなくちゃいけない。
いろいろな出来事によって深く大きくなった心の傷や、いじめられる孤独感への恐怖。

それを解決？　どうやってするつもりなんだろう。解決しようとしてくれなくていい。わざわざ頭を突っ込まなくていい。逆に上手くいかない要因になる。
もう死んでしまいたいとしょっちゅう思うし、リストカットもしたことある。
大人は命を大切にしろって言う。でも私たち悩みを抱えている人が命を大切にしょうって思えない社会を作っていると思う。口先では大切にしろって言っておいて大切に出来ないような社会を作ってる。ハートネットみたいに考えてくれる人もいて。でもひとにぎりすぎる。

口先だけで命を大切にしろって言ってるヤツに何がわかる。

この日記帳に投稿している人は口先だけで言っているヤツとは違うから、これから口先だけで言っているヤツに苦しめられる人達を救えるんじゃないかな。
だから私は今この場で、自分を含め、ここに投稿している人のこの世界にいていい理由を宣言します。

私たちがいていい理由は、
「自分と同じ気持ちを抱えている人と支えあって、自分たちが"居場所"と思える場所を作れる」
からです。

3年間「学校行くなら死にたい」って思ってた

saku

9月1日が来るたびに、「またこの日が来てしまったか」と悲しくなる。1年でいちばん中高生の自殺率が高い日だ。これは国の自殺総合対策推進センターが公式で発表している事実であり、ここ数年変わらないという。
そんな悲しい日があっていいものだろうか。こんなにも悲しい数字の記録があるだなんて。なくていいのに。心が痛くて仕方がない。
新学期。長い夏休みを終えた今、崩れてしまいそうなほどの恐怖と絶望を抱えて学校に行く中高生がいると思うと、わたしはいてもたってもいられなくなる。彼らは、どんな思いで学校に行くのか、そこはどんな戦場なのか。わたしには全員の苦しみはわからないけれど。
いじめだけは、どうしてもゆるせない。

* * *

わたしには、嫌がらせを受けていた黒歴史がある。頭から水をかけられたとか、上履きに画鋲があふれていたなんていう漫画のような世界ではなかったけれど、心を蝕むのには十分すぎる嫌がらせを受けていた。思い返せば、辛いことは山ほどあったけれど、何をされてもだいたい

冷静な自分が嫌だった。

上履きに画鋲はないけれど、落ち葉はあった。風情を感じるなぁなんて思う余裕はなくて、ひっくり返したらそれはすぐに地面に落ちていった。あっけなかった。

天然パーマが嫌で髪をショートに切った時や、ストレートパーマをかけて少しでも見た目に気をつかったりしたときには、クスクス後ろで笑い声が聞こえた。「ブスのくせに調子乗んなよ」なんて言われたら、黙るしかなかった。いつ調子に乗ったのか、わからなかった。

体育の授業が死ぬほど嫌で、みんなの前で失敗するのが怖くて、ボールがうまく持てなかった。案の定、失敗なんかすると、「あいつの顔の真似しよう」と笑い者にされた。わたしもたぶん、笑ってた。全然、面白くなんてないのに。

大好きだった男の子は、いじめられるようになったわたしを見て態度を変えた。あの時言われた、「あんなブス、好きになるわけねーだろ」という言葉が、ずっと頭で鳴り響いている。

学校なんて嫌だと、全面に出していたはずだった。「行きたくない」と言ったことも、何度かある。でも、両親は「学校には行きなさい」と言った。忙しそうな両親に、これ以上わがままを言うことはできなかった。行きたくない理由を、説明することすらできなかった。

気づいていたはずなのに、何も言わなかった先生。なんで止めてくれなかったんだろう。あの人は、何を守りたかったのだろうか。

気づけばそんな地獄は終わって、わたしは社会人になった。働き始めてもう2年以上経つ。
あの頃のことは、大人になった今でも思い出すだけで鬱になりそうなくらい、嫌な記憶だ。どうして普通な顔をしていられたのか、自分でもわからない。わからないことが多すぎて、嫌なことが多すぎて、きっと感覚が麻痺していたのだと思う。痛みを感じる大事なところが、「心」が死んでいたんだろう。

*　*　*

自殺のニュースを見るたびに、この子は最後に何を思ったのだろうと考える。誰に何を、最後に何を食べて、何に泣いたのだろうか。そんなふうに、もう二度と戻ることのない尊い命を思わずにはいられない。
思いつめている子たちが一番に助けを求めたい大人は、残念なことにわかってくれないことが多い。彼らは、都合がいい時には良い人ぶるのに、本当に助けてほしい時には気づいてくれない。「行かなくていいんだよ」が聞きたいだけなのに、逃げさせてくれない。なんでなんだろう。いつになったらこの社会は、大人たちは変わるんだろうか。大人を教育してくれる大人は、いないのだろうか。先生を教育してくれる先生は、いないのだろうか。

これは完全に主観であり、理解を求めようとは微塵も

思っていないのだけれど、ちょっと聞いてほしい。
わたしは、いじめられたことがない人が語る「いじめから逃げる方法」みたいなものは、本当に嫌いだ。大っ嫌い。それぞれ本当に納得がいく、きれいで知的でごもっともな意見だとは思うが、そんな「俺が思ういじめ回避法」みたいな高度な術は、いじめられている子供には役に立たない。まず、そこまで行動を起こすエネルギーがない。自分から何かをしてみようとか、「君が発言すれば」とか、こちらに何かを求めないでほしいとさえ思っているくらいなのだ。基本的に受け身だからいじめも我慢してしまうということを、そのことをまずわかってほしい。
嫌なら「行かなくていい」なんて言葉、いじめを受けていないから、受けたことがないから簡単に言えてしまうクソきれいごとだと思う。そのセリフは自分の親からしか聞きたくないし、一刻も早くその言葉が聞きたいだけなのに聞けなくて、ひどくしんどい。辛いとき、子供は親からの言葉くらいしか信じられないのに。
行かなくていい。それができたらたぶんすぐに行くのをやめていた。逃げることを許してくれたのならば、すぐに逃げた。「たすけて」が通ずるとわかっていたら、わめき散らかして泣いてすがった。それができなかったのは、してしまった後のことを、未熟ながらも想像できていたからだ。逃げていじめられたらどうしようとか、今よりもっとひどくなったら耐えられないんじゃないかとか、起こるかもわからない先のことを考えたりだってする。言わないだけで、言えないだけで、心の中ではいろ

いろなことを思っているのだ。
「行かなくていいんだよ」
それだけが聞きたいのに、大人は理由を求めたがる。何があったの、何をされたの、行きたくない理由を言いなさい。

そんなの、今どうだっていいのだ。死にたいくらい悩んで泣いて、もう「行きたくない」と言うことでしか、SOSが出せないのだ。

いじめられたことがないくせに、わかったようなこと言うなよ。

わたしがずっと思っていたのは、これだ。これが一番、叫びたかったことだ。
勝手だとはわかっているけれど、子供の時のわたしが感じていたことはこれで、今でも思うことは変わっていない。百の見聞より、一の経験だ。わからないくせに、わかろうともしないくせに、わかったこと言うなよと思ってしまう。
不思議なことに、実際にいじめられて闇に落ちたことがない人の意見は、すぐにわかる。どんなに説得力があっても、素晴らしい論文でも、全部嘘っぽく見えて何も響かない。「この人、本当に何もわかっていない。本当のいじめというものが、どんなものかを知らない」。相手を疑うあまりにそう思ってしまったことが、何度もある。

大人になって人と関わるたびに、どうしても考えてしまうことがある。

それは、この人はどの立場の人なんだろうということ。いじめていた人か、いじめられていた人か、見ていた人か、そのどれもだった人なのか。その４つで人を見る癖がついている。その人のことを知っていくうちに、だんだんわかってしまうのだ。「この人は、こっち側の人だ」「あの人は、あっち側の人だ」、と。

そんな見方、したくないのに。もうずっと癖が抜けない。それくらい、いじめとは人の根底にへばりつくものなのだ。子供の頃の経験が、今でも私の心の弱いところを攻撃してくる。

だから、被害を受けたことがあるからこそ。
わたしは今ここで叫ぶ。
「行きたくない」。それだけを叫んでほしい。
親がわかってくれないのなら、もう家にいなくていい。近所の人とかコンビニの人とか、もう何でもいいからとにかく大人に「行きたくない」って言いふらしてほしい。あるいは、今はＳＮＳがあるのだから、ツイッターで全力で「学校に行きたくない」と叫んでほしい。わたしたち大人が、ツイ廃のわたしがあなたの叫びを必ず見つけるから、叫んでほしい。とにかく、まともな大人の目に付くところで意見を言ってほしい。拾ってくれる大人は絶対にいるから、あなたの周りにいる嫌な大人のことな

んて、もう信用しなくていい。その狭い世界から抜け出すには、叫び散らかすしか方法はない。
死ぬ勇気があるのなら、その勇気を別のことに使ってみてはどうだろうか。全力で叫んで、疲れるくらい泣いていい。死ぬ体力があるのなら、叫ぶ体力だってあるだろう。

* * *

うざいよな、大人って。
都合のいい時だけ正論っぽいこと話して、子供だからって言うこと聞かせようとして。
いつも、気づいてくれないよな、近くにいてほしい時にはそっぽを向いてて、限界がきて行きたくないって言っても、なかなかわかってくれない。

むかつくよな、先生って。
何が教育だよ。自分が教育受けろよ。こんな大人が、教育を謳ってお金をもらっているのかと思うと、絶望するよな。気づいているくせに気づいていない顔をしてるの、本当に意味がわからないよな。

偉そうだよな、クリエイターって。
いじめについてわかったようなことばっかり書いて、「わたしの意見はこうだから」アピールしてるの、まじむかつくよな。何も知らないくせに、つらつら書いてんじゃ

ねーよって感じだよな。
わたしも、ごめん。

* * *

人のせいにしていい。いじめられて死にたいと思っていい。この世界を憎んでいい。
だから、死なないでくれ。
わたしは死のうとしたけれど、そんな勇気もなくて、逃げられずに3年間耐えた。だけど、今生きていて楽しいことがたくさんある。
死んでいたら、今のわたしはいない。あの時いじめに負けて命まで捨てていたら、今こうして生きていなかった。生きれていなかった。
生きていてよかった。生きていたから、こうやって書けるし、生きていたから、今がある。

すべての中高生に。
生きてほしいと、強く思う。
負けるなとも言わない、戦えとも言わない。
ただ、全力で叫んで、逃げろ。
大人からも、学校からも逃げろ。
命以外のものは全部捨てていい。
その叫びに気づいてくれる人は絶対にいるから。叫んでほしい。

わたしが伝えられるのは、こんなことだけだ。こんな、ちっぽけなことだけ。
だけど、どうかお願いだから。
今苦しんでいるあなたに、少しでもこの思いが届けばいいと、本気で思っている。
あなたの力になれますように。あなたの明日を守れますように。
それだけを願って、こうして書き続けているのです。

エンドレスエイトを抜けて。

キッチンタイマー

不登校だったときの、自分の気持ちをうまく思い出すことができない。
中学時代の３年間を引きこもって過ごし、高校からなんとか学校に行けるようになった。学校に行かなくなった理由も、行けるようになった理由も思いあたる節はあるけれど、一つだけではない気がする。

そんな時期を乗り越えて、塾の先生をしている私だが、学校に行かなくなった日はいつしか遠い過去のものになり、不登校だった自分の気持ちが徐々に思い出せなくなっていることに最近になって気がついた。

不登校、というものがクローズアップされはじめ、私もなにかメッセージを届けようと思ったのだが、当時の自分に寄り添った文章がどうしても書けなかった。

「８月３１日の夜に」を見て最初に思い出したのは「ニートは毎日が夏休みだけど、宿題抱えたままの８月３１日が続くようなもの」というフレーズだった。Twitterで見かけたものだが、匿名掲示板の画像を貼ったものらしい。まとめ記事を見つけて、引用元のリンクをタップしたが何度押してもツイートが取得できなかった。

不登校だったときは、アニメばかり見ていた。『涼宮ハルヒの憂鬱』を最初から最後まで一気に見たりしていた。その中に「エンドレスエイト」という物語がある。夏休みを延々と繰り返す、という物語だ。何度も何度も夏を繰り返す。そして、アニメでは実際にこのエンドレスエイトの回が、作画を変え、声も毎回録りなおして複数回放送された。何度も何度も、他愛もない日常が「なにか忘れてる気がする」と思いながらも過ぎ去り、気がつけばまた最初からやり直しになっている。主人公は何度も何度も「なにか、なにか違う」という生ぬるい温度の焦りを抱えながらも、最後の一回まではなにもしない。見ている側からすると、その最後の一回がいつ来るのか、まったくわからない。ただ、ぬるい焦りとともに時間が過ぎていくのをじっと見ているだけである。

私は、それを無心で見ていた。一気に見ていたということもあるかもしれない。あとから、エンドレスエイト編のレビューをみて「うんざりした」とか「もうやめろ」とかそういうレビューがついているのを見た。
「そうか、うんざりするのか」
他人事のようにそう思った。

ずっとループする物語を見て、私はなにを感じていたのか今はもう思い出せない。少なくとも、つまらなく感じていたわけではないはずだ。なにか引きつけられる部分があったから、ずっと無心で見ていられたのだと思う。

おそらく、本当におそらくだが、不登校だった頃の私にとって繰り返される８月３１日は日常の出来事だったのかもしれない。一日、一日と過ぎていくのはあまりにも当たり前のことで、いつの間にかぬるい焦燥が近くにいるのも当たり前になっていた。終わらない宿題、手をつけていない宿題を片づける気はとっくに失せて、あきらめとあせりの境目でパソコンに向かい続けていた。

主人公が、ループから抜け出すカギを見つけたときも私はなにもさしたる感動を覚えなかった。
「え、そんなこと？」
そう思った。そんなどうでもいいことで、ループから抜け出せるのだろうかと、疑問に思ったまま画面の中で無限に続いた夏休みは終わり、また次の日常が始まった。私は、それをまた無心で見ていた。

今の私は当たり前のように、２０１８年９月になった現在を生きている。ただ無心で過ごした永遠に続く８月３１日のことが遠い昔のように感じる。本当は、宿題を抱えた８月３１日なんてなかったのではないかと思う。それくらい、私は不登校だったときの自分から心の距離が離れてしまったのだ。

不登校の経験があったら、同じ痛みが分かる。というのは、きっと本当だと思う。ただ、きっとその痛みや傷は時間とともにどうしようもなく癒えてしまう。なにかの

拍子に「えっ、そんなこと？」といわれてしまうくらい些細なことで、たまたま学校に行けるようになった私は、いつの間にか８月３１日のループから抜けて、数年後の９月の今日へやってきた。

でも、最近私は、大切な自分を８月３１日に置き去りにしてきてしまったのではないかと、感じるのだ。もう一度、会いたい。そう思うようになった。

しかし、当時を思い返せるものはなにもない。ずっと書いていたブログは消してしまったし、母と交換していたノートも、中学の卒業証書や教科書に至るまで私はすべて処分してしまった。たくさん苦しんで、喚いて、泣いて、でも、実は楽しいこともあって、笑って、そうして過ごした日々を書き留めたノートを捨ててしまったことだけは明確に覚えている。

私は、それをすごく後悔している。でも、すごく恥ずかしかったのだ。青臭くて、なにも見えていなくて、自分勝手で、死ぬほどひ弱でなにもできないのに「こんなふうにドラマチックに助けてください」という救出方法のお品書きをいくつも書き並べた自分が恥ずかしくて、私はそんな自分の叫びをすべて処分してしまった。

エンドレスエイトを抜けて、８月３１日にいた私を覚えていた頃の私。今の私はループから抜け出した日をちゃ

んと覚えていないから、その日の私を９月１日の私としよう。

ねぇ、９月１日の私。８月３１日にずっととどまっていた自分の叫びが、死ぬほど恥ずかしくなる私。本当にどうでもいいことで、たまたま学校に行けてしまった私。そのまま、当たり前のように９月２日を迎える私。秋になったら蚊に刺され、柿食って、いずれ雪を踏みしめながら学校に行く私。君を恨むよ。

君のせいで、過去の私に説教をすることができないじゃないか。「お前は大丈夫だ」って言ってあげることができないじゃないか。

私は不登校だった自分を、全否定して捨て去って今日まで来てしまった。

誰よりも助けてほしかった中学生の私。その理解者になれる自信がまったくわいてこないのは、過去の自分の苦しみを全部「そんなこと」で片づけて捨て去ってしまえる自分がいることに気がついてしまったからだ。同じ境遇の誰かに、声をかけてあげる勇気がないのはその時の私ならきっと自分の苦しみを「そんなこと」とナメて接してくる人をほぼ確実に見抜いていたからだ。今の私は人の痛みを「そんなこと」と笑ってしまう自分を抱えて生きている。

今日は９月９日だ。夏休みは過ぎ去ってしまうと、宿題と必死に格闘していたときの自分をすっかり忘れてしまう。８月３１日の夜に、どんな私がいたのかを、私はもう覚えていないのだ。

ならせめて、山積みの宿題を抱えた自分がいたことを今日の私はまだ覚えていると、ここに記して残したい。

＃８月３１の夜に。

最果タヒ(詩人)

言葉を書くたびに、
ぼくは、自分のことを何も知らない気がしていた。
書いても、書いても、
これがぼくの気持ちだと言い切れるものにはならなかった。
どれも、間違っている気がする、
結論として書き綴った言葉も、次の瞬間には疑わしくなる。
そうではなかったかもしれない、
もしかしたらぼくは違ったのかもしれない。
言葉が、言葉のなかで悩み始める。

視界の端で、夏の終わりばかりがより明瞭になっていく。
ぼくは、その底で、言葉を書き続けていた。
迷いながら、否定しながら。
そうやって、ぼくが、ぼくの影を追いかけている限りは、
彼は走り続けてくれる気がしたんだ。
ぼくが、ぼくとして、考え続けてくれる気が、していた。
誰かの言葉や、誰かのルールをなぞるだけじゃない、
ぼくだけの感情が、そこに確かに生まれる予感。

窓に反射した光が、車の曲線に反射した光が、
いくつもぼくの体をかすめ、何重にも影を作る、
ぼくはその上で、たった一つの体を、動かしている。

きみは、ぼくを好き勝手に語るだろうね、
正しさのふりをして、命令もするだろう、
ぼくは、ぼくのことを、なんにもわかっていないと、
瞳を射抜くように、決めつけるのだろう。
それでもぼくは、ぼくが見つけたぼくだけを、
自分だと、信じていくつもりでいる。
ぼくの世界に、きみはいらない。
さようなら。

ぼくには、ぼくの言葉が永遠にある。

9月2日(日)

やね／女性／10代

明日は学校。学校行きたくないなぁ。自分は勉強でどちらかというと落ちこぼれ。たぶん、確証はないけど、行きたくない理由だ。
でも、明日は行くと決めた。少し過去の、前向きな自分を信じて、行こうと思う。

今の自分は、すごく落ち込んでいて、行きたくない、死にたいって思っている。前向きだった自分には考えつかないぐらいに暗い考え。明るかった自分は嘘をついているみたいだ。

だけど、前向きな自分も、今の自分も、すべて私だ。
今は真っ黒な心。でも、前向きになれる時が来るはず。

私は私だ。前向きでも、前向きじゃなくても、頑張っても、頑張れなくても、迷惑をかけても、死にたくても、私は私を生きてきた。すごいじゃないか。

今みたいに、死ぬほどつらいときが来ても、この文を見たら少しは元気になるかな。

これからも、私は私を生きる。

読まなくてもいい、あとがき。

いまこのページをめくっているあなたは、どんな思いをめぐらせているのでしょうか。この本のどこかに、自分と同じような気持ちのかけらをみつけて、少しほっとしているでしょうか。それとも、やっぱり昨日までと同じように、なんだか自分を責める気持ちが止められなかったりするでしょうか。今は大人になった元10代の人たちの言葉を読んで、少し先のことが想像できたでしょうか。それとも、やっぱり先のことは不安で希望が見えないでしょうか。

私たちは、この本を手に取ってくれたあなたが、ほんの少しでもいいし、ネガティブでもポジティブでもいいので、今、何かを感じていてくれていたらうれしいなと思います。そして、今自分が、こんなことを感じているな、ということを、大切にしてほしいです。そして、もしできたら、その気持ちをノートの切れ端にでも、スマホのメモアプリにでもよいので、書き留めてみてほしいなと思います。

実は今、この本の"あとがき"を書くことになって、困っています。
何を書いたらいいのか……。「♯8月31日の夜に。」の取

り組みは、一人一人が自分の思いを言葉につづった、その"言葉そのもの"によって、成り立っています。誰かが、自分の中にある気持ちを言葉にして、それを他の誰かが読み、何かを感じたり、それをきっかけにその人がまた自分の中にある気持ちを言葉にしてみたり……そういうことが連なりあっていく場所、安心して自分の気持ちを言葉にできる"居場所"が「♯8月31日の夜に。」だと思っています。だから、一人一人が本音をつづった言葉の後に、"あとがき"として付け加える言葉はありません。
なので、この"あとがき"を読むよりは、今、この本を読んであなたの中にわき上がっている気持ちや言葉と、あなた自身が向き合う時間を大事にしてほしいですし、まだこの本の中身を読んでいなくて、どんな本かなと思ってここからページをめくった人は、この本の中身をぱらぱらとめくってみてほしいなと思います。もしかしたら、ふと手が止まるページがあるかもしれません。

そうは言っても、このまま何も書かないまま終わってしまっても怒られそうなので、どうして「♯8月31日の夜に。」という取り組みが始まったのかについて、少しだけ書きます。

私たちはふだん、NHKのEテレで放送している、「ハートネットTV」というテレビ番組を作っています。さまざまな"生きづらさ"を抱えている人たちや、その背景にある社会の課題などについて伝え、どんな人でも自分らしく生きていけるような"多様性のある社会"のために役立つことを目指している番組です。

番組のホームページには、いろいろな声がよせられます。その中には、「死にたい」という気持ちをつづった声も、数多くあります。その一つ一つに目を通す中で、とても気になったことがあります。それは、「死にたい」という気持ちは誰にも言うことができない、という声が多かったことです。そういう気持ちを誰かに伝えると、「生きたくても生きられない人がいる」とか「気にしすぎだよ」とか「あなたは大丈夫」とか言われて、それ以上、話せなくなってしまう……。
この世の中には、「死にたいほどつらい」という気持ちを、安心して言える場所があまりないのかもしれない。「死にたいと言えない」ことが、また死にたいほどつらくなる原因にもなっているのかもしれない、と思いました。

そして私たちは、番組やホームページを使って、死にたいほどつらい気持ちを安心して語れる居場所を作りたいと、試行錯誤を重ねてきました。
その一つが、「♯8月31日の夜に。」です。
友達のことや勉強のことなど、学校でつらい思いをしながらも、なんとか1学期を乗り越えて夏休みへ。だけど、長い休みが終わりに近づくと、またあの日々が始まる、という憂うつに襲われます。そんな、10代の皆さんの夏の終わりの憂うつな思いを安心できる環境で語ってもらい、共有できる居場所ができればと、2017年の夏から取り組んできました。

2018年の夏には、夏休みが始まる7月下旬から9月の初めまで、ホームページ上に、自由に気持ちを書いて投稿できる「2018年夏休み ぼくの日記帳」を開設しました。そして、そこによせられた声をもとに、8月31日の夜、NHK Eテレの生放送やインターネットでのライブ配信で、10代のみなさんが抱えている気持ちを共有しました。

また、文章や写真、イラストなどを投稿できるサイト

「note」とも一緒に取り組み、そこには、今は大人になった人たちから、かつて10代だったころの気持ちやメッセージを表現した文章やマンガなどが、たくさんよせられました。

この本は、NHKの「ぼくの日記帳」によせられた投稿と、投稿サイト「note」によせられた文章やマンガをまとめたものです。
この本のどこかの1ページが、どれか一つの言葉が、あなたの中にあるこれまで言葉にならなかった"もやもや"を、言葉にしてもいいんだと気づくきっかけになってほしいと願っています。

「♯8月31日の夜に。」制作スタッフを代表して
NHK制作局　第3制作ユニット(福祉)
チーフ・プロデューサー
渡辺由裕

NHK「ハートネットTV」
「生きづらさ」を抱える全ての人に向けた新しいスタイルの福祉番組。

note
文章、写真、イラスト、音楽、映像などを手軽に投稿できる
クリエイターと読者をつなぐサービス。
https://note.mu/

漫画はうしろ（p207）から読んでね。

194 ◆8月31日を生きる人へ........たなか れもん

僕は大人になり社会人として働いています。知り合いのいない街でも一人暮らしもできています。

ぼくは、空手・そろばん・サッカー・塾・中学校生活‥‥

たくさんのことを途中で辞めてきました。

自分も継続できる人間になりたい、と思っているけどどうしても続けられません。

「中途半端な人間はずっと変わらない」と言われます。

やっぱりずっとダメな人間ですか？

僕への手紙

僕は
引きこもりで
中学を登校拒否しています。

父に
「お前みたいのは
社会に出れないぞ」
とよく言われます。

やっぱり自分は
社会人には
なれないのでしょうか？

どうも20代後半の君です。

198 ◆僕への手紙。........瀬田

◆学校が恥ずかしかった私へ........コジマユマコ

漫画（ここから読んでください）

（生きるのがつらい10代のあなたへ）

[印刷]	2019年8月15日
[発行]	2019年8月31日

[編者]	NHK「ハートネットTV」
[協力]	note
[発行人]	黒川昭良
[発行所]	毎日新聞出版
	〒102-0074
	東京都千代田区九段南1-6-17 千代田会館5F
	営業本部　03-6265-6941
	図書第一編集部　03-6265-6745
[印刷・製本]	図書印刷

乱丁・落丁本はお取り替えします。
本書のコピー、スキャン、デジタル化等の無断複製は
著作権法上での例外を除き禁じられています。

©NHK 2019, Printed in Japan
ISBN 978-4-620-32601-6